ライフスパン統合療法

過去の自分を今につなげる新しい身体・心理療法

著

ペギー・ペース

訳

久山　貴子
高須かすみ

星和書店

Lifespan Integration

Connecting Ego States Through Time

Peggy Pace

Translated from English
by
Takako Kuyama
Kasumi Takasu

子供との会話の仕方や子供の発達について
私の知ってることのほとんどを教えてくれた
アーロンとロザリンへ

私に自分で考えるように促し,
学ぶことへの熱意を教えてくれた
父ウィリアム・ロビー・ペース医師へ捧げる

一人の人間の存在は，私たちが宇宙と呼ぶ全体の一部であり，それは時間と空間に限定された一部である。人は自分自身を，自らの思考や感情を他から切り離されたものとして体験する。これは，意識におけるある種の錯覚である。この錯覚は，ある種の牢獄であり，個人の欲望とごく限られた人たちへの愛情に私たちを縛り付ける。私たちの努めは，あらゆる生き物と美しい自然全てを包含する思いやりの環を広げ，自らをこの牢獄から解放することである。

——アルベルト・アインシュタイン

目　次

謝　辞

　私のクライアントたちに心から感謝する。彼らなしではライフスパン統合療法を開発することはできなかっただろう。私がカウンセリングで新しいアイデアや方法を試すことを許し，何が効果的で何が効果的でないかについての私の尽きない質問に答えようとした彼らの絶えざる意欲が，何年もかけて私を，今日私が使うこの方法（この本で概説されている）に導いた。

　私たちの惑星とその住民を癒すために，さまざまな方面から休むことなく相乗的に活動している多くの教師，ヒーラー，エネルギー療法士，予見者たちに感謝したい。特に，私の個人的な友人であり，エネルギー療法士であるダーレーン・グレイ（Darlene Gray）とシャーレーン・クリスティアン（Charlene Christian）に感謝したい。ダーとシャー（訳注：ダーレーンとシャーレーンの略称）に黙って，私が共通のクライアントの治療にライフスパン統合療法を使い始めたとき，この賢明な姉妹は，この療法がクライアントにもたらしているエネルギーの変化を「見た」。私が始めた新しい方法に対する彼女らの熱意は，この療法の開発の初期段階において大切な支えだった。

　ライフスパン統合療法を公開する過程で大いに助けてくれた友人であり同僚でもあるキャサリン・ソープ（Catherine Thorpe）に心からの感謝を捧げる。キャサリンは，私がこの新しい方法で訓練した最初のセラピストであり，彼女の熱意を共有することで，この本を書くことと，世界中の他のセラピストがライフスパン統合療法を利用できるようにす

ることの重要性を理解することができた。キャサリンは LI 療法にライフスパン統合という適切な名前を見つけ，そして最も重要なことに，彼女は私に対してライフスパン統合プロトコールを巧みに施術し，私が開発していた治療法を私自身が直接体験できるようにした。

　また，システムについて教えてくれたマイケル・ベルニ（Michael Berni）と，EMDR に関する洞察と専門知識を共有してくれたリチャード・クリスティ（Richard Christy）にも感謝する。

　私は，私の生活を便利にし，世界をよりアクセスしやすくするために日々を費やしている過去と現在のすべてのコンピューターの専門家に大いに感謝している。この本をペンやタイプライターを使って書き，ワールド・ワイド・ウェブにある資料を使わずに書こうとしていたら，どれほど困難だっただろうかと，想像する。マウスをクリックするだけで，魔法のようにカット・アンド・ペースト，フォーマット，箇条書きの作成，または削除ができる時代に生きていることを，私は非常に幸運に感じている。また，コンピューター・サイエンスとインターネットの出現のおかげで，「文明」からこんなに離れた生活を選んだにもかかわらず，ラップトップから直接，必要な本を注文したり，ありとあらゆるテーマについてを調べることができる。すべてのコンピューターの天才たちに感謝する。

序　文

　私は友人であり同僚であるペギー・ペースとともに，ある心理療法の
ワークショップのために，カナダのブリティッシュコロンビア州，美し
いサンユアン島へ向かった。その出発前夜，ペギーは，自分が独自に開
発した新しい療法を体験したいかと私に尋ねた。私が同意すると，彼女
は私にこれまでの人生の出来事で癒されたいと思うことを思い出すよう
に言った。私は思春期のつらい思い出の場面に集中し，そのときの感情，
映像，体の感覚を再現させた。すると，ペギーは，私のつらかった出来
事のすぐ後の記憶から時系列に，私の過去のタイムライン（訳注：出来
事を簡潔に時系列に並べたリスト）を読み始めた。私の人生のつらい記
憶の直後に始まり，現在の瞬間まで，これを数回繰り返した。すると，
1時間ほどの間に，そのトラウマに関連する恐怖感，心痛，身体の感覚，
これらのすべての症状はなくなってしまった。翌朝，私は新たな明快さ
で目覚め，あのトラウマに関しては，今まで経験したことのない自由や
癒された感覚が残っていた。
　2日間のワークショップの後，ピュージェット湾を通ってシアトルに
戻った。フェリーでの道すがら，ペギーと私は彼女が開発した新しい方
法について話し合った。ペギーは，彼女が今まで自分のクライアントた
ちに，私に施術したのと同じ方法を使っていたことを告げた。彼女のク
ライアントたちもまた，タイムラインを何度も繰り返した後，大きな変
化を見せた，とのことだった。私たちの会話が続くにつれ，ペギーは尋
ねた。

「この治療法を何と呼びましょうか」

私は，「ライフスパン統合」を提案した。ペギーは答えた。

「いい考えだわ。ライフスパン統合と呼びましょう。略して LI」

私たちはフェリーの窓の外を見て，太平洋の腹の白いイルカの群れがボートの両側に沿って空中を飛び跳ねているのを見た。途方もない何かが，そのとき始まった。

今日，ライフスパン統合療法（LI 療法）は世界中の多くの国で教えられている。LI 療法の知識は，新たに訓練されたセラピストが同僚セラピストに，トラウマや感情，人間関係の問題，解離性障害や，そのほかの典型的な問題などの治療における LI 療法の成功例について話すことで，急速に広まった。ペギーが開発したこの新しい方法で治療を受けた人々が深淵な変化を経験することを，世界中のライフスパン統合療法のセラピストが見出している。

LI 療法を使用すると，非常に苦痛な記憶をターゲットとして扱うにもかかわらず，クライアントが心的外傷を再度受けることなく苦痛から解放されることが一貫して見られる。難しい場面の想起とタイムラインの繰り返しの間に生じる微量の連続的な刺激が，過度につらい感覚をよみがえらせることなくクライアントの苦痛を軽減に導く。さらに，ライフスパン統合療法をカウンセリングに使用した場合には，セラピストに二次的なトラウマが発生することはない。私自身，自分でも何百もの非常に難しい話を聞いたが，1 時間程度の LI 療法の施行で目の前で起こった変化に対しての感謝と畏敬の念しか残っていない。

ライフスパン統合療法で私が特に好ましく思う結果の一つは，その施術プロセスを進めるうちに，クライアント生来の潜在的な知恵にクライアント自身がアクセスできるようになることである。セラピストがクライアントを LI 療法の段階に導入していく度に，クライアントは，苦痛

が減少するだけではなく，自分の内にあった肯定的で，真実に基づく考え方に気がつくようになる。このような新たな気づきの例を私の臨床経験から2つ挙げよう。「母が本当に私を愛していたことは，今になればわかる。母には18歳の若さで，新生児の世話をできるほど十分な用意がなかったのだ」。

　もう一つの例は，「私がいつも私のせいだと思っていたことは，全く私のせいではなかったのだ。私にはどうしようもできなかった状況が悪いことを引き起こしたのだ」と。これまで，セラピストたちは長年，このような考えをクライアントに新たに浸透させることに大変な労力を費やしてきた。しかし，私たちは，LI療法によって，クライアントが自発的にこのような考えを持つようになることを発見したのだ。

　今日，心理療法は，クライアントに身体と脳のレベルで変化をもたらすことができる。LI療法はまさにそのような治療法である。LI療法によって，私たちは，クライアントが自分の問題について話すのを聞くこと以上の助けを提供する機会を得ている。カウンセリングに来る人々は，多くの場合，自分の不満について何度も，しばしば何年もかけて話すが，必要としている程度まで変わることはなかった。長年にわたりLI療法を使用してみて，私はクライアントから同じ問題についての治療を再度依頼されることがなくなった。LI療法による治療は，話すことによる心理療法よりも深いレベルで効果が現れる療法である。前述の2つの例の通り，タイムラインのプロセスを通じて導かれていくうちに，クライアントの非効率な考え方が変わるのがわかる。これは，LI療法の多くある利点のうちの一つである。

　ペギーは，長年にわたりLI療法を作成，開発，改良した。この本で彼女が明らかにするのは，彼女の科学的バックグラウンド，神経科学と対人神経生物学への彼女の理解と革新の集大成である。LI療法は，ク

ライアントの一貫性（コヒアレンス：coherence）を高め，自分の人生や他者との関係に向き合っていく力を増進させる。

　ペギー，ありがとう

キャシー・ソープ　（Cathy Thorpe）

2015 年 4 月

The Success and Strategies of Lifespan Integration

「ライフスパン統合療法の成功例と戦略」著者

は　じ　め　に

　人間の心は幼児期の環境に応じて相互作用的に発達する。好ましくない幼少期の環境に対応して築かれた防御システムは，現在それが必要がなくなった場合でも，ほとんど無意識レベルで作動し続ける。発達の初期段階では，自己は統一されていないが，さまざまな条件や状況に対応するために，多くの自己と自己の状態が発達する。これらの自己と自己の状態は，通常の発達の過程で統合されていく。統合がどのように進むかはまだ明らかにされていないが，複数の自己は，親子間の自伝的な人生の物語（ストーリー）の共同構築を通して時と文脈を超えてつなげられていくと考えられている。

　トラウマやネグレクト，あるいはその両方がある環境下で成長するとき，子供は多くの異なる自己と自己状態を発達させる。親のサポートが不足している場合，または経験するトラウマ的出来事について子供が話すことを禁じられている場合，あるいはその両方の場合，神経レベルの統合に必要な物語の共同構築が親子間で起こらない。このような子供たちの場合，複数の自己と自己の状態には，部分的にのみ統合が起こり，統合が起こらなかった残りの部分は，神経系に別々に保持されることになる。解離性同一性障害は，親などの大人の支援と保護がない状況で子供が不可抗力的なトラウマを経験したときに生じる。これらの場合，統一された自己を作り出すための神経統合は十分なされていない。

　解離は，人口全般にわたって広く分布している。過去から現在を通して一貫した自己感覚を経験したり感じたりしない人はたくさんおり，彼

らにとってはそれが正常な感覚である。子供の頃の記憶がほとんど，あるいは全くないクライアントは，多くの場合，このカテゴリーに分類される。ライフスパン統合療法（LI 療法）の開発と施術を通して，私はどのように解離が人口全体に広がっているかをより認識するようになった。LI 療法を繰り返し使用することで，人々はますます統合され，内面がしっかりし，より実年齢に近く感じ，より有能で適性があると感じると報告されている。

　私たちの神経系は，知覚された危険から自らを保護するよう私たちに警告するように作られている。私たちが子供時代に構築した防御システムは，必要かどうかにかかわらず，私たちの元に残っている。LI 療法中，記憶と映像のタイムラインを通り抜ける「旅」を繰り返すと，クライアントの神経系が古い自己防御神経ネットワークをバイパスし，同時に，より有用で適応性のある新しいネットワークを構築することが可能になる。5 歳の子供が危険だと認識するようなことは，40 歳の大人には通常は問題がないことが多いものだが，5 歳児の神経系によって設計された防御構造はプログラミングされたままになっており，その 40 歳の人にとって普通と考えられる程度よりも過敏に作動する。LI 療法は，過去の幼い防御戦略を直接たどり，最新の情報を挿入し，関連する自我状態（神経網）を現在のオペレーティングシステム（クライアントの大人の自己）に接続することができるという点において非常に効果的である。次の段階で，クライアントは，セラピストに導かれて記憶と映像のタイムラインを通り抜ける。それが，その自我状態（神経網）を自己システム全体に統合するのである。クライアントは，関連する感情的な痛み，時には肉体的な痛みのために，特定の期間や記憶を避けたいと思うことがよくある。映像からなるタイムラインを通り抜けることが，どのように「点をつなぎ合わせて」最終的に統合された自己の全体像を形成

するかをクライアントに説明することが重要である。

　私は，クライアントの現在の生活の中で見られる多くの苦痛の中心が，終わらない悲しみや過去と訣別して前進することができない点にあることを発見した。多くの場合，切り離された子供の「部分」の統合は，クライアント個人にそうする準備が整うか，過去から何かを手放すことができるようになるまで行うことができない。LI 療法を使用して過去の記憶から前進する場合，前進することへの抵抗はすぐに明らかになる。LI 療法のプロセスの中で，クライアントの大人の自己は，子供の自我状態につながることによりそれと対話し，その対話を通じて，子供を過去に立ち往生させているのは何であるかを，子供から聞き出すことが通常はできる。子供の自我状態は，兄弟や親の世話をするために過去の場面にとどまる必要があると感じるかもしれない。あるいは，その過去にいる子供は，愛，承認，関心など，親から何かを得ようと努力しているのかもしれない。時には，子供自身があきらめて前に進む準備ができるように，助けになるようなことを想像して過去の場面に持ち込む必要がある。

　癒しが行われるのであれば，「過去にとどまる」ことは，自我状態や自分自身にとって現実的な選択肢ではないことを明確にすることが重要である。自我状態が過去に残ることを選択した場合，自己システムのその部分は時間的に凍結されたままになり，自己システム全体に統合されない。未統合の部分は，自己の制御の外にとどまる。それらの部分は独立して機能し，自己システム全体に役立たない，または役に立たない方法で頻繁に行動化を引き起こす。多くの場合，行動化は自己破壊的である可能性がある。このことを完全に理解すると，クライアントは通常，過去に立ち止まったまま時間の前進に抵抗する子供の自我状態と対話し交渉し続けることをいとわない。

　子供の自我状態が統合に抵抗するとき，私は大人のクライアントに，過去の現実は記憶としてのみ存在し，現在はその子が大人になった自分と一緒に現在に生きていることを子供の自我状態に伝えるように指示する。それから，大人のクライアントに，立ち往生している子供の年齢から現在に至るまでの記憶と映像のタイムラインを通過させる。子供の自我状態と大人のクライアントは同じ脳と視覚野を使用するため，子供に協力する意思があるかどうかにかかわらず，大人のクライアントが持ち出す時系列の記憶と映像を「見る」ことができる。出来事の時系列を介して現在に戻った後，私は大人のクライアントに，記憶の場面に再び入り，子供の自我状態との内部対話を再開するように指示する。映像に描かれているように時間の経過を見た後，子供の部分は部分的に統合されるので，より積極的に協力する可能性がある。子供の自我状態が引き続きプロセスに抵抗する場合は，必要な回数だけタイムラインを繰り返す。新しい記憶や映像，または記憶の拡張された側面は，その後の繰り返しごとに自発的に表面化する。映像のタイムラインを十分に繰り返した後，通常は3回から5回繰り返した後，子供の部分は自己システム全体に完全に統合される。

　セラピストとして私は何年もの間，「ほとんどの人にとって過去と訣別することをとても難しくしているのは何だろう？」という疑問に答えるのに苦労してきた。認知療法は，機能不全のパターンを変えるための理解とツールを私たちに与えることができるが，特定の身近な条件や状況は，たとえ成すべきことがわかっていても，より原始的な感覚状態と行動に戻る原因になる。夢による分析や能動的想像法などのユングの治療技法は感情的なレベルで進歩をもたらすが，これらのタイプの治療は長期的であり，ほとんどのクライアントにとっては費用がかかりすぎる。EMDRの施術によって過去のトラウマを再処理することで，多く

の人々が過去の「古いもの」や「お荷物」を本当に手放すことができるが，EMDRはすべての人に役立つわけではない。解離性のある人にはEMDRを使用することは注意が必要である。解離性のある人にEMDRを施術するときには，施術によって活性化される感情的な要素に対する解離反応のリスクがある。さらに解離性の高いクライアントの治療では，EMDR施術中に「切り替え」が起こり，異なる自我状態が現われるので，開始した施術過程を完了するのに十分な時間だけ同一の自我状態が存在していられない場合もある。また，EMDRでは，感情への耐性が低いクライアントが，感情の昂ぶりで混乱状態になり，何も考えられなくなるような状態になった場合には中断される可能性がある。このような状態が発生した場合，EMDR施術は未完了になり，施術によって活性化された感情を沈静化する必要がある。

　子供のときにトラウマを抱えたり，ネグレクトを受けた多くのクライアントには，子供時代の記憶が限られており，解離する傾向がある。彼らは，往々にして慢性的に不安症状あるいは抑うつ症状を抱えており，身体的または感覚的な潜在記憶によって解離が再び引き起こされる可能性がある。また，子供時代のトラウマの記憶があるクライアントの場合は，記憶がよみがえらされると，すぐに感情的に爆発する。子供時代にトラウマを負ったクライアントは，多くの場合，感情的に記憶がよみがえることを避けるために緻密なメカニズムを作り上げるが，これらのメカニズムは，通常の生活を送る能力も著しく妨げることが多々ある。LI療法はもともと，子供時代にトラウマを抱えたりネグレクトを受けた大人を支援するために開発されたが，この療法はすべての年齢のクライアントに非常に効果的であることがわかっている。

　LI療法を使用する場合，時間は両方向に流動的であるとみなすことができる。現在の自己は，過去に捕えられたり凍結された自己の部分に

会いに行くために時間を遡る<ruby>遡<rt>さかのぼ</rt></ruby>ることができる。同様に，過去の自己を時間の中で前進させて，自己システムに統合することもできる。現在の自己の一部分である豊かで親的な自己は，当時必要な知恵や安心がなかった過去の自己の部分に，時を越えてそれらを与えに行くことができる。一方で，過去の時間枠で孤立していた若い自我状態に，現在の自己に役立つ資質が見出されることもしばしばある。LI 療法の使用を通じて神経統合が進むにつれて，過去と現在の両方からの心的な資源が，自己システム全体でますます活用可能になる。

　20 世紀以前は，家族やコミュニティは比較的安定していた。電車，車，飛行機が私たちの生活に現れる前は，人は生涯を通じて拡大家族の近くに住んでいた。最も冒険的な人たちだけが，荷を造り，それらを輸送する馬や帆船だけで州や国を横断し，両親，兄弟，祖父母，叔父叔母，いとこたち，友人たちから別れていった。トラウマや喪失，ネグレクトが子供たちの生活を襲うのは昔からだが，最近までは，ほとんどの子供たちは拡大家族制度や部族の中で生活するという恩恵を受けてきた。かつてこれらの拡大家族環境の中では，子供たちには自分を知っている大人が多くおり，その大人たちに自分の経験を理解するのを手伝ってもらうことができた。

　拡大家族システムの中で育つことで，子供たちは自伝的な物語を共同で構築するために必要な時間と空間的な継続性を得ることができた。文化人類学は，部族と部族内の個人についての物語を語ることが文化および時代を問わず重要であったことを私たちに示している。昔の世代では，人生の物語の共同構築は家族と部族の生活の不可欠な部分だった。現代では，ここ最近の文化や社会の変化のために，子供たちが時と空間の連続性に欠ける環境で育てられることがよくある。今日の私たちの生活に見られる継続性の欠如は，私たちがクライアント，友人，家族，そして

自分自身に見出す心理的な問題に反映されている。LI 療法は，記憶と映像のタイムラインの作用により，欠落しているものの一部を復元する方法を提供する。

　次の章では，LI 療法を使用して過去のトラウマを癒し，現在の自己システムがより一貫性を持ち，より適切に機能するようにする方法について詳しく説明する。LI 療法は，神経系を再構築して心身に統合することで治癒する革新的な新しい方法である。再構築するには，クライアントのシステムをまず解体してから再編成する必要がある。適切なトレーニングなしにこの方法を試みるセラピストは，クライアントの壊れやすい自己システムを調節不全にするリスクを冒すことになる。LI 療法の最良の結果は，セラピストに，首尾一貫した精力的かつ感情的な存在感がある場合に生じる。自分自身の癒しにまず取り組んだセラピストは，LI 療法施行中に現れる感情的な内容を受容し，クライアントのもとに存在し続けることができるようになる。この新しい方法を使用したいセラピスト，心理士，精神科医は，LI 療法訓練ワークショップに参加することをお勧めする（訳者注：日本でのトレーニング開催については未定。問い合わせ等についての連絡先は LifespanIntegrationJapan@gmail.com）。トレーニングワークショップでは，メンタルヘルス専門の参加者が LI 療法セッションをライブおよび DVD で観察した後，トレーナーの監督下で LI 療法を実践および体験する。トレーニングの日程については，https://lifespanintegration.com（英語サイト）を参照のこと。

第 1 章

ライフスパン統合療法の働き

　ライフスパン統合療法（LI 療法）は，その名が示すように，神経構造とその活性化パターンを，心身ともに，生涯全般にわたって統合する新しい治療法である。クライアントの過去や必要に応じて，トラウマを取り除いて解消するか，自我を構築するか，またはその両方の目的で LI 療法は使用することができる。視覚的および感覚的なタイムラインの繰り返しは，LI 療法のすべてのプロトコールに固有のものである。

　LI 療法の最も劇的な適用は，PTSD プロトコールによる，過去あるいは最近の精神的なトラウマの解消に見られる。PTSD の最も慢性化した症例でさえ，LI 療法の 1 回または 2 回のセッション後に解消される。トラウマとなった出来事の前に社会で生活し，活動することができた人は，その出来事に焦点を合わせた LI 療法の 1 回または 2 回のセッションの直後に，通常の生活に戻ることができる。そのトラウマになった出来事に関連する悪夢，侵入症状，フラッシュバックなど，PTSD の症状はすべてなくなる。セッションで得られる結果は安定している。ライフスパン統合によってトラウマが解消された後，生活の質は時間の経過とともに向上し続ける。

　LI 療法は，クライアントが幼少期のトラウマやネグレクトの影響を克服するためにも使用できる。幼少期のニーズが満たされていなかった

人や，混乱して不安定だったり，温かみに欠けた環境で幼少期を過ごした人は，愛着スタイルが安定型で，トラウマとなった事件の前から十分に健康だったクライアントよりもはるかに多くの LI 療法のセッションを必要とする。初期のトラウマやネグレクトを経験した人は，自己を構築し，愛着スタイルを変更し，感情の調節を改善する LI 療法のプロトコールから最も恩恵を受けるだろう。

　人間の安全な愛着は，親と子の間で生まれたときから相互に作用するプロセスを通じて生み出される。安定型の愛着スタイルを持っている親は，生まれたばかりの乳児の早期の愛着の欲求を満たすことができる。愛され，養育されている乳児は，自分が重要で，愛らしく，価値があることを深いレベルで理解するだろう。その子は成長してしっかりと「愛着する」大人になる。人間の赤ちゃんは非常に脆弱で未完成の状態で生まれ，神経系はほとんど発達していない。生まれたばかりの赤ちゃんは，常に母親と接触しているように「設計」されている。幼少期に自分の愛着欲求を満たした親は，通常，乳児に最適な成長と発達をもたらす身体的および感情的な環境を提供することができる。安定型愛着スタイルの母親は，乳児に情緒的に同調し続けることができる。乳児は，情緒の調整と自己愛に必要な神経構造を母親から十分に「ダウンロード」して内面化する。この相互作用プロセスは，子供の神経系の発達に伴い，人生の最初の数年間続く。

　情動調節は，親子間で「学習」される。子供と情動的に調律できている母親は，許容できるレベルの感情の範囲内にとどまったままの状態で乳児を抱いている。発達過程にある子供はこの能力を最終的に内面化する。自分の感情を調整できない親は，赤ちゃんの感情の波に周期を合わせて調整してあげることができない。同様に，非安定型の愛着スタイルの親は，意図せずに安全でない愛着スタイルを子供に伝えてしまう。非常に責任があり，善意のある親でさえ，愛着スタイルが安定していなけ

れば，子供にしっかりとした安全な自己構造をもたらすために必要な一貫性を欠いている。さらに，乳児や小さな子供が，感情的に寄り添う養育者の支援なしに早期のトラウマやネグレクトを経験した場合，彼らには経験の中で統合できない部分が生じる。首尾一貫した自伝的な物語がなければ，これらの個人は確かな自己意識なしに成長する。結果として生じる断片化は，後で解離性同一性障害（DID）または特定不能の解離性障害（UDD）と診断される可能性がある。

　LI療法は，クライアントがより強固な自己の構造を構築し，感情を調整することを学ぶのを助けるために使用することができる。クライアントとセラピストの両方の左脳を使うトークセラピーとは異なり，LI療法は身体がベースである。LI療法が正しく行われると，セラピストおよびクライアントの右脳と心身の間で，エネルギーと情報の交換が行われる。LI療法の情動調律プロトコールでは，この交換は，出生の瞬間から母子関係の中でクライアントに対して行われるはずだった交換を，再生成して置き換えるように作成されている。クライアントとセラピストの二者関係の中で新しい肯定的な感情の状態が生成され，その状態は，クライアントが幼児期から現在に至るまでの自分の人生の「映画」を見ているうちに統合される。この「再養育（リペアレンティング）作業の間，クライアントとセラピストの間で右脳と右脳のつながりが維持されている。この「再配線」の成功は，乳児の愛着スタイルが母親の首尾一貫性（コヒアレンス）や子供に順応する能力，自己調整する能力によって決定されるのと同じように，施術するセラピストの中の首尾一貫性（コヒアレンス）にかかっている。

　LI療法の後，治療を受けた人は，自分が現在の年齢に適した方法で現在のストレッサーに自然に反応するようになったことに気づく。記憶のギャップがあった人は，LI療法による治療後，自分の人生の断片をまとまりのある全体につなげることができる。LI療法を完了したクラ

イアントは，自分の人生を好ましく感じ，より自己受容的であり，親密な関係をより楽しむことができると報告している。

第 2 章

ライフスパン統合療法の
神経生物学的基礎

　乳幼児と子供たちの脳の発達に関する研究によると，神経統合に必要な最も重要な要素には次のようなものが挙げられる。

・親子間相互の調和した関係
・親と子の心の間のエネルギーと情報の交換
・子供の自伝的物語の共同構築
・子供の発達段階で時空間にわたる自己の内部の地図（メンタルマップ）が確立されること

　過去10年間ライフスパン統合療法（LI療法）を使用しているセラピストからの治療事例では，心理療法中に，神経統合を促す上記の状態が成人のクライアントに再現されていることが明らかになっている。パスクアル－レオーネ（Pascual-Leone）他は，脳は本物と想像上の経験を区別しないことを示している（本書14ページを参照のこと）。我々の臨床経験によると，トラウマやネグレクトにより子供時代に未完成だったり中断された神経発達が，想像上の経験を通して完成されたり復元されることが可能なことは明らかである。

初期の神経発達におけるトラウマの影響

　神経発達は，親と子の間の対話的なプロセスである。シーゲル（Siegel,
1999）は，「人間の心は，脳内および脳間のエネルギーと情報の流れの
パターンから生まれる」と述べている（p.2）。ショア（Schore, 1994）は，
幼児が自分で自らの感情を調整することができるようになるまでの決定
的な発達段階に，大人の養育者が幼児の感情的な状態をその一対一の関
係の中で調整してあげることの重要性について論じている。乳児や幼い
子供の最適な神経発達は，親がその子にきめ細やかに共調し，子の気持
ちの変化や必要に対して受容的であるときに起きる。環境や外的ストレ
スにより，親が幼児の発達に伴う変化する状態や必要に対して最適なレ
ベルで受容的であったり柔軟に対応できないとき，あるいは，親に自分
自身の感情を調整する能力が欠ける場合，子の神経発達は障害をきたす。
「親子間の情動調整の失敗は，後に形成されるさまざまな形態の精神障
害の根底にある発達精神病理をもたらす」（Schore, 1994, p.33）。

　乳児や幼児では，自己はもともと分離された自己状態の連続として
存在する（Siegel, 1999）。発達が正常に進むと，これらの分離された
自己状態は統一された自己に統合される。「統合する心（マインド：
mind）は，時間と文脈を超えて，複数の自己の間に一貫性の感覚を作
り出そうとする」（Siegel, 1999, p.315）。これがどのように起こるかはま
だ完全には理解されていない。神経学者たちは，それには親と子の間
の自伝的物語の共同構築が含まれると信じている。「物語の共同構築は，
認知，感情，感覚，行動の統合を促進する」（Cozolino, 2002, p.263）。

　感情耐性と情動調整の問題は，発達期の神経統合の失敗に関連してい
る可能性がある。ショア（1994）は次のように指摘する。

　　特定の臨界期における，発展途上の幼児のまだ未成熟な感情システムに対

して母親が外部から行う調整は，自己調整に関わっていく脳領域の経験による発達に影響を与える重要な要因である可能性がある。(pp.31-32)

ショアは続けて述べている。

自己の中核は，状態遷移にわたり自己の感覚を統合し，それにより内面の経験の継続を可能にする情動調整のパターンにある。(p.33)

発達段階の初期に子供たちがトラウマを経験して衝撃を受けると，それは深刻で永続的な影響を与える可能性がある。心は環境と相互作用的に発達するため，子供の頃のトラウマは，その人がその後の人生で物事をどのように見るかに影響を与え得る。子供の神経がトラウマにどのように反応するかにおいて重要なのは，子供とそのトラウマの経験の間に介在する親または大人の養育者の能力である。

最適とは言えない愛着体験によっては，複数で一貫性のない愛着スタイルの根本にある実動モデルと，心（マインド）の根深く硬直した状態が生じる。硬直した心は，潜在的に機能不全の特殊化した自我状態として未統合のまま時間を超えてとどまる。(Siegel, 1999, p.306)

加害者が家族の一員であったりした場合，トラウマ体験はさらに大きな損害をもたらす。子供たちはしばしば外傷性の事件の最中に解離し，後年，彼らは子供として経験したことの明確な記憶を欠いているかもしれない。しかし，トラウマは潜在記憶として心身に保存されたままである。シーゲル（1999）は次のように書いている。

解離または他人に話すことの禁止は，家族による子供の虐待でよくあるこ

とだが，記憶を統合するための経路に深刻な障害を残す可能性がある。この観点からの未回復のトラウマ的経験は，皮質統合プロセスの障害を伴い，これらの出来事の記憶を永続的な記憶から除外する。しかし，その人は継続的に過去の恐怖の不穏な潜在記憶の映像を経験する傾向があるかもしれない。(p.52)

　現在では，自伝的物語の共同構築が神経統合の重要な要素であることは知られている。子供にトラウマ的な出来事について話し合うことができる人がいない場合や支援がない場合，トラウマの潜在記憶は生涯を通じて分離された自我状態に保たれる可能性がある。コゾリーノ（Cozolino, 2002）は次のように指摘している。

　　幼少期の虐待は，自己についての一貫した物語の共同構築における養育者の支援の欠如と相関するだけでなく，凝集した体験談や将来の大人の人生に続いていく自己の物語を体系化するために必要な神経構造に損傷を与える可能性がある。(p.256)

　神経学者の間の最近までの一般的な見解は，脳の発達は受胎直後から始まり，子供時代を通して続くというものであった。この発達過程が完了すると，それ以上のシナプスの成長はなく，進行中の神経新生の可能性は確実にないと考えられていた。

　　今では，脳は生涯を通じて変容し続け，豊かな環境などの受動的に経験した要因だけでなく，私たちの行動の変化（バイオリンを取り上げる）や考え方の変化の結果を受けて変容する能力を保持していることは明らかである。(Schwartz & Begley, 2002, pp.253-254)

　現在では，脳の可塑性だけでなく，大脳皮質には大脳皮質自体を再編成する能力があることにも十分な証拠がある。脳神経は静的ではなく，動的であり変化する。私たちの経験の変化は，私たちの神経回路の変化と相関しているが，神経変化が発生する可能性が高くなるのは，私たちが積極的に体験しているとき，または感情的に関与しているときである。

潜在記憶は現在の大人の自己に影響を及ぼす

　子供の頃に圧倒的で恐ろしい出来事を経験または目撃し，十分な親の保護と支援を得ることができなかった大人は，自分に起こったことの明確な記憶を持っているかもしれないし，持っていないかもしれない。しかし，これらの出来事の潜在記憶は心身のシステムに保存されている。潜在記憶が今想起されると，「思い出し」はするが，自分が何かを覚えていることに気づかないのだ。潜在記憶に加えて，そのような人たちは防御的に反応する衝動を経験し得る。これらの衝動は，はっきり意識されないまま，すなわち生理的または身体的に経験される可能性がある。

> 顕在的な処理を潜在的な処理（訳注：記憶のプロセスにおける処理）から切り離す被害者は，結果として，トラウマの少なくとも特定の側面の自伝的記憶に障害をきたす。出来事の潜在記憶は完全であり，逃走衝動，感情的反応，身体的感覚，トラウマに関連する侵入的な映像などの要素が含まれる。(Siegel, 1999, p.51)

　トラウマを抱えた子供が起こったことをどのように解釈するか，つまりトラウマを理解するためにその子が用いる精神的スキーマ（Schema）（訳注：心象や概念のまとまり）は，最終的にはトラウマ自体よりもその子の新たな自己感覚をさらに破壊する可能性がある。子供の解釈は，

１）トラウマの発生時の子供の年齢と発達段階，および，２）子供が出来事を理解するのを可能にする（一般的には愛情深く支援的な大人からの）感情的なサポートと事実情報がトラウマの時点または直後に入手可能であることによる。

> 初期の愛着経験は，（隠された層の中で）永続的な模式（スキーマ）を体系づけ，生涯を通じて私たちの周りの人々との関係を形作ることになる。言葉と感情の回路の間の統合の程度は，私たちが自分自身の感情を認識し言葉に表わせるかどうかを決定する。(Cozolino, 2002, p.162)

トラウマやPTSDの場合，自己状態はトラウマの時点で凍結したままとなる。それらの状態が潜在記憶の活性化によって引き起こされるとき，人は現在においてトラウマを再体験しているように感じる。

神経科学の最近の研究のおかげで，私たちは今，初期の神経発達と，子供の頃のさまざまな要因がどのように心の問題を後に引き起こすかについての理解を深めている。また，脳は生涯を通じて再編成し続けるという新しい事実も明らかになっている。これらの新しい知識は，心理療法に携わる者に新しい機会をもたらす。私たちは，自分たちに次のように問うことができる。「発達段階でトラウマを負った大人を治療するとき，損傷した神経系を修復するための最善の助けとして何が可能だろうか。互いに孤立したままの脳神経網を統合するために，何ができるか？」。これらの疑問に答えるには，神経統合について現在わかっていることを研究することが理にかなっている。

> 神経統合は発達の重要な特徴であり，統合の欠如は，関係の問題，対応の柔軟性，首尾一貫した自伝的物語を構築する能力，十分有能な親になる能力など，多くの問題の根源である。(Siegel, 1999)

神経統合に貢献する要素

　前述の通り，自己は一連の分離された自己状態として始まる。これら
の分離された自己状態がどのように統合された総体になるかは，神経学
者の間ではもっぱら関心と思索の対象となっている。以下に，神経統合
に関する最新の考え方を部分的に要約した文章を引用する。

・「多くの著者が示唆するところによると，広く分布しているさまざまな表
　現プロセスをまとめる前頭前野（眼窩前頭皮質を含む）などの新皮質の
　関連領域が，空間と時間にわたる自己の感覚運動統合を確立するために，
　広く分布している領域の入力を基にして動的な全体図や複雑な表現を形
　成する」(Siegel, 1999, p.330)
・ルドゥー（LeDoux, 2002）は，脳が私たちを自分らしくするのは，「特定
　の状態や経験により活性化されるさまざまな脳システムの間で起き，時
　間の経過とともにつながりあう相互作用を可能にするシナプスのプロセ
　ス」(p.32) によると提案する。
・ダマシオ（Damasio, 1994）は，統合された心（マインド）の感覚は，さ
　まざまな神経網が「タイミングのトリック」によって同期化された結果
　であると示唆している。
　　「活動が構造上は別々の脳領域で発生しても，それがほぼ同じ時間枠
　　内で発生する場合には，舞台裏のパーツをそうであったかのようにつな
　　ぎ合わせ，すべてが同じ場所で起こっているような印象を与えることが
　　できる」(p.95)
・「心（マインド）自体のプロセスのように，自己統合の能力は，内部の神
　経生理的なプロセスと対人関係のプロセスの相互作用によって継続的に
　作成される」(Siegel, 1999, p.314)
・「感情的な支えがある環境で共同構築された物語は，解離反応を回避する

　　ために不可欠である。それは，心理的および神経生物的な統合に必要な
　　基盤を与えることができる」(Cozolino, 2002, p.26)

　上記の著者や研究者によると，神経統合の重要な構成要素は次のよう
になる。

　　・空間と時間にわたる自己の全体図（メンタルマップ）の作成
　　・自伝的物語の共同構築
　　・感情的な支えが得られる対人関係の中で空間と時間にわたって自
　　　己状態をつなぐこと
　　・さまざまな状態と経験に関与し，時間を通してこれらの相互作用
　　　をつなぎ合わせる脳システム間の協働

神経可塑性の条件下でより多くの変化が起こる

　神経可塑性は，多くのニューロンが同時に発火しているときに存在す
る状態である。より多くのニューロンが発火すると，新しいシナプス発
火パターンが発生する可能性が高くなる。新しい学習と古いパターンの
変化の両方が，神経可塑性の条件下で発生する可能性が高くなる。

過去にとどまったまま動けなくなっている
自我状態を助けるための治療介入

　LI療法の施術中，セラピストは，記憶の場面の自我状態やその他の
自我状態も神経上に保持している大人のクライアントを介して，その場
面の（過去に凍結されている）子供の自我状態に接触する。セラピスト
は，大人のクライアントに，その子供の自我状態と内部対話を開始する
ように指示する。セラピストは，大人のクライアントを通じて，過去の

自我状態にサポートと情報をもたらし，その子供の自我状態が新しい情報に基づいて過去の経験を再解釈することを勧める。子供の自我状態との会話は対話という形で行われる。何がその子を過去にとどめ，何がその子を苦しめているのかをその子自身に尋ねることによって，そのトラウマ的な出来事をその子がどのように解釈したか，つまりその子が持っているかもしれない自分自身についての否定的な認識や問題，またはあきらめることが難しいことを明らかにすることができる。子供の自我状態との対話は，子供を想像的に抱きしめたり，あやしたり，自転車に乗ったり，キャンプ旅行に連れて行ったりすることも含む。

　セラピストは，過去の子供に対する治療介入の仕方を，子供の発達段階や，問題となっているそのトラウマになった出来事に関する知識，大人のクライアントから明らかになっている家族歴，および大人のクライアントを通して得られる子供の自我状態からの報告（フィードバック）に基づいて準備する。「発達段階に適した情動の調律と基本機能における基盤づくりは，神経の成長とネットワークの一貫性を最大化する。新生児にとっては，これはなでたり抱きしめたりすることに反映されるであろうし，4歳児にとっては，その子が兄弟と分け合うことを学ぶことを助けることであろう」（Cozolino, 2002, pp.191-192）。LI療法のプロセスでは，この段階に適した大人と子供の間の想像上のやりとりの後に，現在までの時間を視覚的に「移動」することが行われるが，それは通常，トラウマとなった出来事の記憶（情報源記憶）ごとに3回から5回以上繰り返される。内部会話の詳細やセラピストと大人のクライアントが子供の自我状態から受け取るフィードバックに応じて，子供との想像上の対話は，繰り返しの間に変化することがある。

イメージと能動的想像法の使用

　LI療法は，口頭の物語ではなく，むしろイメージの使用を通じて，自叙伝的な物語の構築にアプローチする。LI療法は，時空間的な自己の地図を構築することに加えて，能動的想像法を使用して過去に介入し，1）幼い頃の経験を修復し，2）新しい愛着対象（クライアントの大人の自己）との肯定的な想像上の対話を挿入する。このように過去を再構築することで，前向きで永続的な変化を現在に生み出すことができる。ルドゥーは次のように述べる。

　　思考が脳細胞のネットワーク内のシナプス伝達のパターンとして具体化される場合にそうであるように，思考である脳の活動が知覚，動機づけ，運動などに関与する他の脳システムの活動に影響を与える可能性があるのは当然である。しかし，もう一つ考えを進めることができる。思考がネットワーク内の神経活動のパターンである場合，それは別のネットワークを活性化するだけでなく，別のネットワークを変化させて可塑的にすることもできるのだ。(2002, p.319)

　パスクアル－レオーネによって1995年に行われた研究は，想像された動きが実際の物理的な動きと同じ程度に神経網に変化をもたらすことを示した。「実際の物理的な動きのように，想像上の動きは皮質レベルでシナプスの変化を引き起こす。単に動くことを考えただけで，実際に動くことによって引き起こされるものに匹敵する変化を脳内に生成する」(Schwartz & Begley, 2002, p.217)。このように，最近の研究は，トラウマを癒すためにイメージを使用してきた私たちが，クライアントの治療体験を通して直感的にわかっていたことを証明している。過去のトラウマへの想像上の介入は，それらのトラウマが現在のクライアント

に与える影響を変えるのだ。

　「イメージは言葉の前から存在しており，言語の前身である」(Damasio, 1994, pp.106-107)。「心の映像と体の感覚は，自己の内部表現の構成要素である。内面の想像上の空間の構築は，他者や私たち自身に対する視点と共感の可能性を生み出す」(Cozolino, 2002, p.148)。人間の心の中の映像は，コンピューターのオペレーティングシステムや基本的な言語と比較することができる。イメージを言葉にする心の能力は，コンピューターの基礎となる基本言語の助けを借りることで初めてより複雑な機能を実行できる Windows の「Word」などのプログラムに例えることができる。

繰り返しの重要性

　LI 療法の施術中，クライアントは，身体の感覚をしっかりと受け止めている状態で，時の流れとともに，人生の場面に参加している自分の姿を年毎に思い出す。記憶と映像のタイムラインを繰り返すたびに，クライアントの時を超えた自分自身の感覚が強化される。それぞれの繰り返しには，さらに多くの記憶が組み込まれている。これらのタイムラインの繰り返しには，状態の移行が複数回，繰り返しあることが必要である。状態遷移の繰り返しは，自己システムを整理して安定させることに役立つ。タイムラインの繰り返しは，新しく作成されたシナプス接続を強化するのにも役立ち，同じパターンで何度も発火する可能性を高める。シュワルツとベグレイ（Schwartz & Begley, 2002）は，シナプスレベルで学習がどのように行われるかを下記のように詳細に説明している。

　　　ヘッブの可塑性は，神経伝達物質であるグルタミン酸がシナプス前ニューロンから放出されるところから始まる。グルタミン酸はシナプス後ニュー

ロンの２種類の受容体に結合する。一つの受容体は，それ自身のニューロンであるシナプス後ニューロンが活性化されていることを察知する。もう一つの受容体は，どのシナプス前ニューロンが同時に活性化されているかを認識する。このように，シナプス後ニューロンは，シナプス前活動とシナプス後活動の同時発生を検出する。最終的には，結果として，シナプス前ニューロンの軸索を通り抜ける特定の活動電位（インパルス）が，シナプス後ニューロンをより効率的に発火させることになる。それが起こったときには，シナプスの強さが増したと言える。このように，２つのニューロンは生理的に一緒に閉じ込められ，妊娠中と子供時代における機能回路の形成が，このように可能になる。このプロセスは，同じ未舗装の道路を何度も何度も移動すると轍が残り，その後，走行中に道筋にとどまりやすくなるという例えに似ている。同様に，ニューロンの同じ連鎖を何度も刺激すると，―子供が枢機卿がどのように見えたかを記憶の中で覚えているときのように―最終的な活動電位が言語センターのニューロンを刺激するまで，回路が完全に発火する可能性が高くなる。そして子供に「枢機卿だ！」と口走らせることができる。(pp.107-108)

　LI療法中に繰り返される視覚的および感覚的な旅は，同じ未舗装の道路を何度も旅することに例えられる。過去と現在をつなぐ新たに形成されたシナプス経路が強化され，最終的にはたどりやすい「溝」ができあがる。

LI療法は自己システムを再編成する

　LI療法は，多くの心理的機能障害が不十分な神経の組織化に起因するという仮説に基づいている。子供の頃に経験したトラウマやネグレクトのために，孤立した神経網の間の接続性が欠如している可能性があり，

それが分け隔てられた自己と自己の状態に表れているということだ。あるいは，問題は，脳のさまざまな領域と層の間の不十分な統合によって引き起こされる可能性もある。

　LI タイムラインの繰り返しのプロセスを通じて，自己システムは空間と時間の両次元でさらにより良く整理されていく。この組織化の向上の一部は，LI タイムラインの繰り返しにより，さまざまな自己や自己状態の間で頻繁に切り替えがあることで起きる。タイムラインの繰り返しで，自己状態間の遷移はより流動的になる。この流動性は，自己システムの安定性にも貢献する。

> システムの安定性は，システム間を移行する能力に依存し，それによって可能な自己状態の範囲内に存在する（後略）（Schore, 2003, p.93）。

　多種多様な自己状態の間で起こるこれらのシフトは，セラピストの存在下で行われ，セラピストの穏やかで安定した存在が，クライアントの感情的な調整と受容をプロセス全体を通して支える。セラピストの心身の一貫性は，親が子供に一貫性（またはその欠如）を伝達するのと同じ方法でクライアントに伝達される。

　記憶と映像のタイムラインを数回繰り返すと，状態間の移行がより流動的になる。同様に，クライアントの自伝的な物語は，より適切に整理され，より一貫性のあるものになる。クライアントは，自分自身を時間と空間にわたって連続している存在としてみなし始める。クライアントの記憶は，ある年から次の年へと流れ始め，繰り返されるたびに包括的になる。この過程で自然に浮かび上がる記憶は，対象となるトラウマの感情の調子を帯びる。この感情的なテーマを時の流れに沿ってたどることで，クライアントは自分の使った防御システムや，感情的に影響した出来事の解釈の結果として自分がとった行動についての洞察を得る。意

識から切り離されたこの自己状態で，クライアントは古い防御をやめ，新しくより適応性のある戦略を採用することが可能になり，自ら進んでそれを実行することができるようになる。

　記憶と映像のタイムラインの繰り返しのプロセスを通して，クライアントは時間と空間にまたがる自分の心全体の地図を作成する。この神経的な全体図ができると，クライアントは状態遷移を流動的に移動できるようになり，時間の経過とともに記憶がより整理される。自分が生涯を通じて継続的に存在していることが見える自己の全体図が発達すると，特定の記憶の中で自己が立ち往生したり，潜在記憶によって想起されたりすることはもはや起こらない。

シナプスレベルでの変化の証拠を示す結果

　LI療法での治療を完了したクライアントは，次のように報告している。

- ・自分が有能であり，愛されるべき存在であり，堅実な自己であるという新たに生まれた感覚
- ・古い防御戦略を手放す能力
- ・人生や親密な人間関係を楽しむ能力の強化
- ・感情を調整する能力の大幅な向上
- ・あらゆる感情を持つことができるようになる

まとめ

　LI療法では，セラピストとクライアントが効果的に人生の物語を共同で構築する。このプロセスの間，セラピストはクライアントの記憶の手がかりを読みながら，クライアントに対して情動的に調律し続ける。

クライアントは過去の場面を「見」ながら時系列で記憶を再体験し，それが統合の進展と，より強固な自己構造に向かう。深く調和し感情を受容できるセラピストの存在の元で時をたどり繰り返される時系列の旅は，クライアントが，時間と文脈を超えて自分自身と自己状態の間に一貫性を作り出すことを可能にする。

　クライアントが自分の人生の「映画」を繰り返し見ると，より肯定的な思い出と洞察が浮かび上がる。神経可塑性は，クライアントが自分の人生を「見る」ときに，クライアントの最適な感情的関与を通じて強化される。セラピストの受容と調和によって，クライアントが最も適度なレベルで感情を感じていられる能力が促進される。また，神経可塑性は，感情的な状態の変容に呼応する，匂い，音，身体的な感覚などを含んだ映像記憶に集中し続ける間に強化される。プロセスの反復性により，ニューロンと神経網の間の新しい発火パターンが強化される。

第 3 章

応用神経科学
ライフスパン統合療法の方法と理由

感情は記憶の符号化に影響を与える（図１）

　子供が圧倒されるほど恐ろしい出来事を経験するとき，これらの恐ろしい出来事の明白な記憶は符号化されない。子供には非常に回復力があるので，経験したことを理解するのを助けてくれる大人のサポートがあると，子供はこれらの経験を統合し，比較的無傷で人生を続けていくことができる。子供時代に圧倒されるほど恐ろしい体験をした，または目撃した人で，起きたことを理解できるように感情的な面で支援しながら統合に導いてくれるような大人がそばにいなかった人は，これらのトラウマ的な出来事を明確に思い出すことなく，潜在的記憶として体と心のシステムに持ち続ける。後年，そのような人が出来事を思い出すとき，その人は自分が感じていることについての自伝的な文脈を持っておらず，実際の出来事を思い出していることにさえ気づいていないかもしれない。その人には，感情や潜在記憶が誘発されたときに生じる衝動や体の感覚は，どこからともなく出てくるように感じられる。

ライフスパン統合療法（LI療法）と他の伝統的な心理療法の違い

　過去，私たちは心理治療の重要な一面として，感情的な解放，クライ

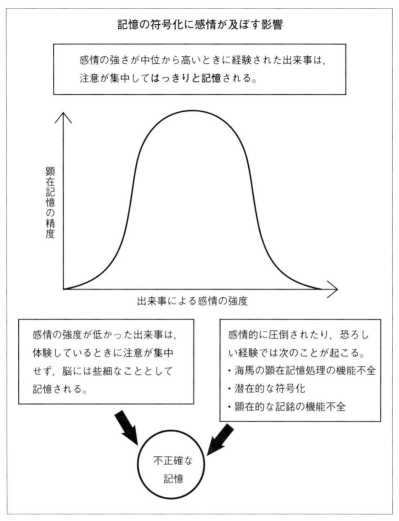

図 1

　アントが喪失を悲しむ必要があること，そして治療中に「それをすべて出す」（感情で表現する）ことが癒しのプロセスの一部であると教えられた。最近の研究は，そのような時代遅れの考え方を覆した。シーゲルは，感情に関する新しい考え方を下記のように提示する。

身近な感情の最終産物（怒り，恐れ，悲しみ，または喜びの一般的な感情として私たちが通常考えるもの）は，実際には感情の初期の経験の中心ではないと考えてみよう。また，感情が必ずしも私たちが通常考えるようには存在しないとする。すなわち，「ただあなたの気持ちを引き出してください」という言葉が表しているように，体験したり，認識したり，表現することのできる何かをひっくるめた包みのようなものかのようには。その代わりに，感情とは，社会的に影響を受け，価値を評価する脳のプロセス内で作りあげられた動的なプロセスだと考えてみよう。(1999, p.123)

　LI療法では，関連する神経回路を「引っ掛ける」目的で，ほんの短い間だけ感情に満ちた記憶を見に行く必要がある。単に感情を解放する目的でトラウマ的な記憶を再訪することは，癒しのプロセスにおいて必要ではなく，助けにもならない。同時に活性化される一連の神経網に感情が起因する場合，これらの神経網によって表されるトラウマの記憶を繰り返し再訪することは，関連する感情的な反応を強化するのに役立つだけである。ピーター・ラヴィーン（Peter Levine）は，トラウマを抱えたクライアントの治療について次のように書いている。

古い記憶を浚渫（しゅんせつ）したり感情的な痛みを追体験することが，トラウマを癒すために必要ではないことを私は学んだ。実際，深刻で感情的な痛みは再びトラウマになる可能性がある。症状や恐怖から解放されるために私たちがしなければならないことは，私たちの深い生理的資源を喚起し，それらを意識的に利用することだ。本能的な反応の過程が反射的な方法ではなく，むしろ意識的に取り組む方法でもたらされるときに変化をもたらす力に対して，私たちが無知であるなら，私たちは痛みの中に閉じ込められたままになるであろう。(1997, p.31)

　LI療法により，この感情的な苦痛から解放される方法は，記憶がよみがえってきたときに，記憶の中をすばやく移動することだ。タイムラインを移動するとき，記憶は素早く連続して提示され，議論や「感情を出す」ための時間を残さない。LI療法は，潜在記憶をその起源である実際の出来事に接続するために，時間を通してクライアントの身体とマインド系統を行ったり来たりしながらついていく。時間を通したこれらの旅の繰り返しが，LI療法における統合の要素である。

関係の重要性

　神経の発達は，親子間の相互交流のプロセスである。シーゲルは，「人間の心は，脳内および脳間のエネルギーと情報の流れのパターンから生まれる」と述べている（Siegel, 1999, p.2）。ショアは，重要な発達期間中，乳児が自己調節できるようになるまで，大人の養育者が乳児の感情状態を調節するという，養育者と乳児の一対一の関係の重要性について論じている。彼は続けて次のように述べる。「一対一で行う情動調整の失敗は，後に形成される精神障害のさまざまな形態の根底にある発達性精神病理をもたらす」（Schore, 1994, p.33）。

　LI療法では，セラピストは（事実上）親または養育者が発達段階初期において通常であれば提供する役割を果たす。エネルギーと情報は，セラピストの身体マインド系統とクライアントの身体マインド系統の間で取り交わされる。セラピストは，その存在のみを通して，クライアントの感情の入れ物となり調整者として機能する。存在感は成功の鍵である。セラピストは，しっかりと存在し続け，クライアントと精力的につながり，プロセス全体を通して感情に受容的でなければならない。LIを治療法として使用する場合，自分の自己システムの統合に向けて自分

の治療をしたセラピストは，自らの初期のネグレクトやトラウマを癒すのに十分な心身のセラピーを行っていないセラピストよりもクライアントに良い結果をもたらす。

時間の経過に伴う状態遷移

　さまざまな状態を時の経過とともにつなぎ合わせることは，神経統合の重要な要素である。LIタイムラインを繰り返し通過すると，クライアントが状態から状態へと継続的に移行することになる。時間の連続に沿ったこれらの遷移は，さまざまな自己状態と感情状態がより良く組織化されることを可能にする。自己システムがより組織化されるにつれて，より安定化が進む。「自らを組織化するシステムを構成している要素同士の関係のパターンが相互接続され，ますます秩序だったものになるにつれ，環境の変化に応じて一貫性や組織を維持する能力が高まる」（Schore, 2003, p.93）。タイムラインを繰り返すと，状態の遷移がより流動的になる。この流動性は，自己システムの安定性にも貢献する。

繰り返しの重要性

　LI療法中，クライアントは自分の体で実感する程度にまで，各記憶映像に関連する匂い，音，触覚を再体験する。記憶と映像のタイムラインが繰り返されるたびに，時間の経過とともにクライアント自身の感覚が強化される。それぞれの繰り返しには，ますます多くの記憶が組み込まれていく。タイムラインのこれらの繰り返しで，状態の変遷が何度も繰り返される。状態遷移の繰り返しは，自己システムを組織し，安定化を助ける。タイムラインの繰り返しは，新しく作成されたシナプス接続を強化するのにも役立ち，同じパターンで何度も発火する可能性が高くなる（**図2**）。

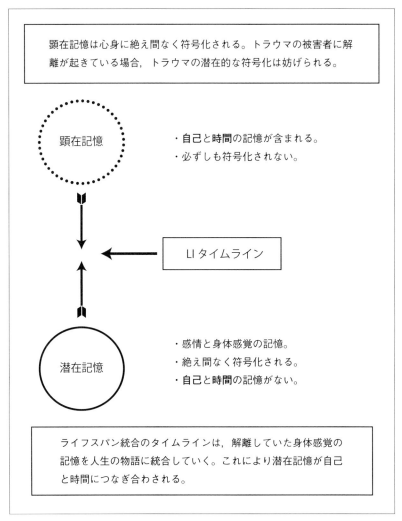

顕在記憶は心身に絶え間なく符号化される。トラウマの被害者に解離が起きている場合，トラウマの潜在的な符号化は妨げられる。

顕在記憶

・**自己**と**時間**の記憶が含まれる。
・必ずしも符号化されない。

LI タイムライン

潜在記憶

・感情と身体感覚の記憶。
・絶え間なく符号化される。
・**自己**と**時間**の記憶がない。

ライフスパン統合のタイムラインは，解離していた身体感覚の記憶を人生の物語に統合していく。これにより潜在記憶が自己と時間につなぎ合わされる。

図2

注意（注目と配慮）は神経可塑性を高める

　最近の研究では，注意を集中するとシナプスに変化が起こりやすいことが示されている。「受動的，無関心，またはほとんど注意を払わな

い精神的な働きの価値は限られている。（中略）脳の表現の塑性変化は，行動に特に注意を払われている場合にのみ生成される」（Schwartz & Begley, 2002, p.224，メルゼニヒとジェンキンス［Merzenich & Jenkins］を引用）。

感情は神経可塑性を高める

　被験者が感情的に興奮しているとき，神経網はより可塑的である。研究によると，被験者が最も適切なレベルで感情的に関与していると，学習と記憶が強化されることがわかっている。ルドゥーは，感情が神経可塑性にどのように寄与するかを次のように説明している。

> 通常，無感情な状態よりも感情的な状態のほうがより多くの脳システムが活動的であり，覚醒の度合いが強いため，感情的な状態では脳システム全体で協同学習の機会が大きくなる。脳全体で平行した可塑性を調整することにより，感情的な状態は自己の発達と統一を促進する。（2002, p.322）

　非常に激しい感情状態がシステムを圧倒し，感情の氾濫や解離を引き起こす。過去のトラウマの激しい感情を再体験することは，システムに再びトラウマを与える可能性があり，癒しには貢献しない。

自伝的物語と愛着研究（図３）

　1950年代に，愛着研究の先駆者であるメアリー・エインズワース（Mary Ainsworth）は，乳児の生後１年間の母子相互作用を研究した。エインズワースは，評価ツール「ストレンジシチュエーション法」を開発した。彼女はこのツールを使用して，子供たちの４つの異なる愛着スタイルを

正常な発達と安全な愛着

親的な存在が，子供の自伝的物語の共同構築を手伝っている。時間と空間をまたがる自己の地図ができている。心の健康に十分な程度に脳神経の統合ができている。

解離・記憶の穴

トラウマの経験がある。親的な存在が支援しなかったか，不在である。自伝的な物語が部分的にのみ構築される。時間と空間をまたがる自己の地図が不完全である。脳神経細胞が十分に統合されていない。

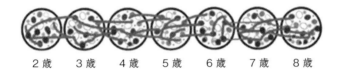

解離性同一性障害

親からの支援がほとんどない，あるいは全くない状態で酷いトラウマを経験している。自伝的な物語が構築されていない。時間と空間をまたがる自己の地図は非常に粗雑である。脳神経細胞の統合は極めて限られている。

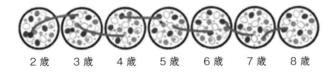

図3　このモデルでは，大きな円の中の小さな円は，心身システムの中にある別々の神経網を表している。小さい円をつなぐ線は，神経網間のシナプスによる神経経路である

測定，説明した。安定型，回避型，抵抗型または葛藤型，および無秩序・無方向型である。

　1980年代初頭，メアリー・メイン（Mary Main）とルース・ゴールドウィン（Ruth Goldwyn）は愛着の研究を拡張し，新しい測定ツール

であるアダルトアタッチメントインタビュー（AAI）を作成した。AAI
では，大人の受検者に子供時代についての自伝的な物語を話すように求
める。その物語には，両親それぞれとの初期の関係の説明と，それらの
関係が時を経てどのように変化したかが含まれている。次に，大人の受
検者が面接官に子供時代の体験をどの程度うまく提示して判断評価でき
たかについて，AAI のスコアがつけられる。AAI を採点するとき，評
価者は次の点を確認する。事実に基づく情報と感情的な内容のバランス，
例として取り上げられた内容の関連性，さらに，物語のもっともらしさ，
調和，明快さ，そして首尾一貫性である。

　メインとゴールドウィンは，親または将来の親によって達成される
AAI スコアが，この親から生まれる子供が親子関係で表現する愛着ス
タイルを 75％から 85％の精度で予測することを発見した。AAI は，子
供がまだ生まれていない場合でも，愛着を正確に予測する。大人の自叙
伝的物語に調和や関連性があり，首尾一貫しているほど，その子供は安
全な愛着を形成する可能性が高くなる。

　これらの研究結果は，子供の頃の体験と幼少期の両親との関係の両方
を受け入れている大人は，自分の子供の感情をしっかりと受けとめるこ
とができ，子供の神経統合が最適に進むための条件を満たすことを示唆
している。

想起意識

　時の経過を通して自己を見る能力は，想起意識（autonoetic conscious-
ness）と呼ばれる。「自伝的またはエピソード記憶は『想起意識』（自己認識）
と呼ばれる能力を必要としており，脳の前頭皮質領域の発達によって決
まるようである」（Siegel, 1999, p.35）。シーゲルは，「時間とさまざまな
文脈にわたって自己のそのような全体図（メンタルマップ）を作成する

心の能力は，自律的な意識を持つために，生涯を通じて発展し続ける可能性のある統合の本質的な特徴である」と示唆している（1999, p.330）。

LI 療法は神経統合を促進する

LI 療法標準プロトコールのステップ 1 では，クライアントの身体マインドシステム内の感情ブリッジ（affect bridge）（訳注：催眠療法において開発された体感覚を使って源記憶にアクセスするテクニック）に従って，現在の悩みや機能不全に最も関連している，統合が不十分な過去の神経網を明らかにする（図 4 ）。

ステップ 2 からステップ 5 はすべて，ステップ 6 で最適な神経統合がタイムラインの繰り返しによって発生する状況を設定するために重要である。ステップ 2 からステップ 5 で満たされるべき条件は次のとおりである。

・落ち着いて，感情的に支えてくれる他者との関係
・注意の集中
・感情の体感への結びつき

クライアントの大人の自己は，想像の中で当時の状況に入った後に子供を安らかな場所に連れて行く。そこで過去の出来事について子供と話し合い，新しい情報を伝えて何が起こったのかを再構成してみせる。大人は子供をその場所に連れて行く前に，大人の自己が子供に代わって怒りを表明することもある。セラピストは，子供の自己に安心感を与えるために必要な方法で過去の場面に介入するように大人の自己を指導する。子供の自己が安全ではないと感じた場合，その子供はプロセスに注意を向けることができなくなるからだ。

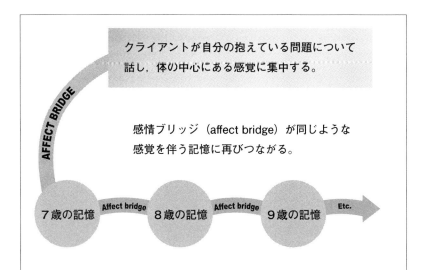

クライアントが自分の抱えている問題について話し，体の中心にある感覚に集中する。

感情ブリッジ（affect bridge）が同じような感覚を伴う記憶に再びつながる。

AFFECT BRIDGE

7歳の記憶　Affect bridge　8歳の記憶　Affect bridge　9歳の記憶　Etc.

図中のこれらの記憶はすでに神経細胞のレベルでは同じような情動を基につながっている。

このタイムラインのプロセスは，神経細胞のつながりを強化する。

神経細胞のつながりの弱い短い鎖は，しっかりとつなぎ合った長い鎖になる。

記憶は流れる時の中に位置づけられ，時を超える自己の連続性と流動性をもたらす。複数の自己が統合され，統一されて自己システムになる。

図 4

　想像内での会話中に，最新の情報が子供の自我状態に伝えられる。ただし，子供の自我状態に対しては，「現実」の変化，または新しい情報の真実を子に納得させる必要はない。セラピストまたは大人のクライアントのどちらかが子供の自我と議論し続けることにこだわると，貴重なセッション時間が無駄になる。タイムラインを繰り返して生産的に時間を使うことが賢明だ。さらに，子供と議論することは，大人と子供の間の感情的な絆を混乱させる可能性があり，子供の自我がプロセスに参加するのをやめてしまう可能性がある。子供の言うことがその子が新しい

情報を信じていないことを示しているとき，セラピストは大人のクライアントにその子に次のように言うように指示する。「あなたがどのように成長し，私の大切な一部になり，今では物事がどのように変わっているかを見せてあげよう」と。その後ステップ6のタイムラインに進む。ステップ3から7を十分に繰り返すと，子供の自我状態が自己システムに統合され，自己システムが保持するすべての情報を子供の自己が利用できるようになる。

　セラピストは子供自身に直接話すことは決してないが，代わりに大人のクライアントを通してインナーチャイルドに介入する（図5）。大人のクライアントが自分の気持ちや体を感じつつ，子供の自我状態と深くつながっているときは，そのクライアントには自分の子供が何を聞く必要があるのかが本当にわからない。これは，大人のクライアントが実際に熟練した子供のためのセラピストであっても当てはまる。セラピストが大人のクライアントに子供の自我状態と会話するように指示すると（つまり，セラピストからの指導なしに），大人のクライアントは子供の自我状態を離れて，より思考モードに入る必要がある。統合は，クライアントが自分の体の感覚や過去の状態にしっかりとつながり続けることができている場合にのみ発生する。クライアントが子供とのつながりを損なわないようにする最善の方法は，クライアントを認知活動（思考）からできるだけ遠ざけることである。プロトコールの終わりに現在に戻ったとき，大人のクライアントはセラピストの助けなしに自分の子供の自己との内部会話を続ける機会を与えられる。

　神経統合は，LI標準プロトコールのステップ6で発生する（図6）。ステップ6の間に，セラピストはクライアントを時系列に過去の人生を通って導き，年ごとに自然に浮かぶ思い出や映像を見ているように頼む。このプロセスは，次のような残りの要素を提供する。

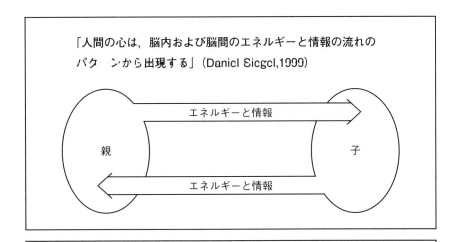

「人間の心は，脳内および脳間のエネルギーと情報の流れの
パターンから出現する」（Daniel Siegel,1999）

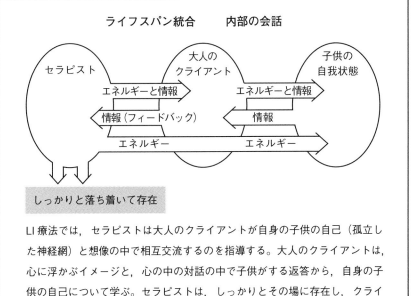

LI 療法では，セラピストは大人のクライアントが自身の子供の自己（孤立し
た神経網）と想像の中で相互交流するのを指導する。大人のクライアントは，
心に浮かぶイメージと，心の中の対話の中で子供がする返答から，自身の子
供の自己について学ぶ。セラピストは，しっかりとその場に存在し，クライ
アントの自己システムとエネルギーでつながっている。

図 5

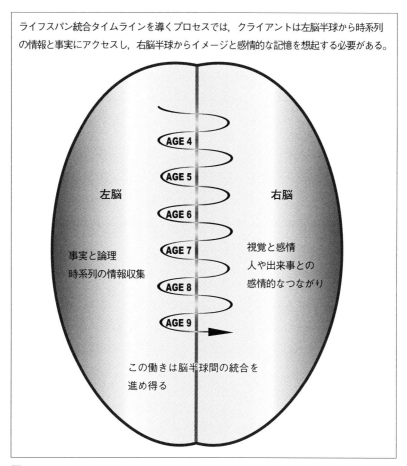

図6

・自伝的物語の共同構築
・時間の経過に伴う状態遷移の繰り返し

　統合を確実にするために，ステップ3からステップ7を3回から5回
以上繰り返すか，その間の内部会話（ステップ7）で，子供の自己が過
去が終わったことを100％確信していることが示されるまで繰り返す必
要がある。統合が完了すると，過去の場面（情報源記憶）を表示しても，

孤立した神経網のモデル

養育者の情緒的なサポートがないままで，圧倒的または恐ろしい出来事を経験した子供は，多くの孤立した神経網（自己状態）を発達させる。これらの自己状態は，潜在記憶にリンクされている。それらは共通の影響を通じて互いに緩やかに関連づけられているが，自己システムに統合されておらず，時系列の時間枠に固定されていない。下のモデルでは，小さな円は，身体－脳内に保持されているが，自己システム全体には統合されていない神経網を表している。

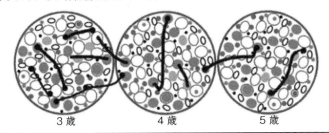

3歳　　　　　4歳　　　　　5歳

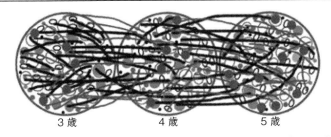

3歳　　　　　4歳　　　　　5歳

時を通して記憶をつなぎ，より首尾一貫した自己システムを造る LI 療法

ライフスパン統合療法は，共通の情動によって緩く関連づけられた一連の孤立した神経網から始まり，時間を越えてそれらを結びつける。共通の感情を共有する生涯のいろいろな時期に起きた出来事は，ある記憶から別の記憶へと，そして現在に至るまで年ごとに，時間を通じて感情ブリッジをたどることによって，時系列に結びつけられる。

図7

クライアントが身体的な感情を感じることはなくなる。

　思い出と映像のタイムラインの繰り返しを通して，クライアントは，時間と空間にまたがる自分自身の（心の）地図を作成する。この神経的な全体図が配置されると，クライアントは状態遷移を流動的に移動できるようになり，記憶が時間の経過とともにより整理される（**図7**）。

　LIタイムラインを繰り返し移動するには，クライアントが状態から状態へと継続的に移行する必要がある。時間の連続に沿ったこれらの遷移により，さまざまな自己状態が可能になる。潜在記憶が実際に起きた出来事に関連づけられるので，クライアントの心身システムに再編成が起こり，これらの身体の状態を過去の出来事の記憶としてより適切に保存することができるようになる。自己システムはより組織化されるにつれて，より安定する。

　さまざまなLI療法プロトコールを，クライアントの必要に応じて使用する。人生初期のニーズが適切に満たされていたようなクライアントは，LI標準プロトコールの恩恵を受けることができる。標準プロトコールは，問題を提示したり，過去の外傷性記憶をクリアしたりするために使用できる。初期のトラウマやネグレクトを経験したクライアントは，LI療法の構造構築プロトコールのセッションを数回することからLI療法を始める必要がある。

LI タイムラインについて

- ・タイムラインは，ライフスパン統合の重要な要素である。
- ・タイムラインの繰り返しは，新しい感情状態を統合する。
- ・身体が時間の経過を理解できるようにする。
- ・クライアントが作成するタイムラインの繰り返しを通じて，時間と文脈の間で自己と自己状態の間の一貫性が構築される。
- ・時空間的な自己の全体図（メンタルマップ）が構築される。空間と時間をまたがる神経的な自己の全体図は時空間統合に不可欠である。
- ・情動調律をよくできるセラピストの前で，映像を伴うタイムラインを繰り返すことを通して，クライアントは事実上セラピストと

共同で自分の自伝的な物語を構築する。

・より多くの記憶が「想起」され，何度も繰り返されるタイムラインの旅を通して統合される。

・このプロセスは，クライアントに自己の人生の時間と空間の景観を「提示」する。こうして，クライアントは生涯を通して自分の決断と選択のパターンを見ることができる。クライアントは，これまで生涯を通じてどのように自分がトラウマの危険を察知し，自己防衛してきたのかを理解することができる。クライアントは，現在においては他の選択をしても安全であることがわかる。

・否定的な記憶に対する肯定的な記憶の比率は，タイムラインを繰り返すごとに増える（繰り返しごとに，より肯定的な思い出が出てくる）。これはすべてのクライアントに当てはまる。

【注意】一部のクライアントは，最初は無意識のうちに最も不快な記憶に対して防御したりまたは検閲する。これが起こるとき，最初の数回の繰り返しで，思い出す内容が悪くなっていくように見えるかもしれない。リラックスしてプロセスを信頼し始めると，クライアントは映像の検閲をやめる。クライアントが最も困難な記憶に接すると，繰り返しごとに，より肯定的な映像が浮かび上がるようになる。

第 4 章

ライフスパン統合標準プロトコール

　この章ではライフスパン統合標準プロトコールについて説明するが，これは施術マニュアルではない。このプロトコールを使う前に，セラピストは正規のライフスパン統合療法（LI 療法）のトレーニングに参加することを勧める。LI 療法は非常に強力で効果的な治療法である。LI療法が正しく行われると，クライアントの無意識の内容が「攪拌され」，再配置され，60 分または 90 分のセッション内ですべてが統合される。経験が浅く訓練を受けていないセラピストがこの方法を試みると，クライアントの抱えている問題を活性化してしまうことがある。LI 療法を不完全な形で行うことは，クライアントを助けないばかりか傷つける可能性すらある。

LI 療法のためのクライアントの準備

- ・LI 療法は，過去に経験したことがある他の種類の心理治療とは全く異なる可能性が高いことをクライアントに説明する。LI 療法は身体と心のシステムで機能し，典型的な LI 療法のセッションがどのように機能するかを簡単に説明する。
- ・記憶や映像のタイムラインを移動するときに，記憶の映像が自然に現れるままにしておくことの重要性をクライアントに説明する。

　　プロセスが正常に機能している場合，いくつかの新しく異なるイ
　　メージが，タイムラインを通る旅の中で自然に現れる。
・肯定的な記憶や洞察が自然に現れ始めるまで，記憶と映像からな
　るタイムラインを繰り返す必要があることを説明する。
・体感をしっかり保ち，記憶の映像と浮かんでくる記憶や映像に関
　連する身体の感覚の両方に注意を集中させている必要があること
　を説明する。
・クライアントに，タイムラインを通過するときに出てくる記憶に
　ついて話す必要はなく，映像の探索に時間を費やす必要はないこ
　とを説明する。最も効果的なのは，「映画を見る」ことで，場面
　から場面へすばやく移動することである。
・LI療法では，心身が自らを癒すように働くことをクライアント
　に説明する。治癒はセッション後24時間から48時間は完了しな
　い。クライアントには，セッション後数時間は少しぼんやりした
　ように感じるかもしれない。少数のクライアントは，ライフスパ
　ン統合のセッションの後よく眠れないということがある。これは
　一時的なもので，クライアントの心の中で進行中の（統合）過程
　の結果である。

記憶の手がかりリストの準備

　LI療法を始めると，LIプロトコールの施術中，多くの場合，最初は
記憶が自然に湧いてこない。過去をよく記憶している人でさえ，記憶か
ら抜け落ちていたり，よく覚えていない数年間など，記憶にアクセスす
るのが難しい時期がある。記憶の手がかりは，思い出す作業が右脳半球
で行われるようにするための時間的な目印の役割を果たす。繰り返し何
度も同じ手がかりが読み上げられるたびに，他の関連する記憶が現れる。

統合が進むと，過去の日々を視覚的に通っていくにつれて，いろいろな記憶を自由に連想するようになる。

　クライアントによっては，セラピストの助けを借りずに記憶の手がかりリストを作成することができる。過去にトラウマのあるクライアントは，カウンセラーの助けを借りてリストを書くほうが良い。記憶の手がかりは，LI療法を開始する前に作成しておく必要がある。記憶に空白の時期があるクライアントの場合には，この作業のためだけに数セッションが必要になることがある。記憶の手がかりのリストには，少なくとも1年に1つの思い出が必要である。1年に1つの記憶の手がかりで十分であるが，変化をつけるために1年に2つか3つの手がかりがあることが好ましい。結婚，離婚，死亡，出産などの重要なイベントを含める必要がある。手がかりはそれぞれ，特定の時間枠に固有である必要がある。手がかりは，クライアントが実際に覚えている出来事でなければならない。手がかりは写真に写っていることでも良いが，クライアントが実際に写真にある出来事を覚えている場合に限る。

　記憶は，いかなる意味においても重要な出来事についてである必要はない。家や学校の建物がどのようであったかを覚えていることだけでも，記憶を呼び起こすことに十分役立つ。出かけた旅行，友人の名前，さまざまな職場，または暮らしたことのある場所はすべて，記憶の手がかりに適している。記憶の手がかりは，LI療法の過程で変更できる。何セッションにもわたり同じ手がかりを続けて使用する利点はない。数回のセッションの後，セラピストがクライアントに新しい改善された手がかりのリストを作成する機会を与えることもある。

　手がかりにより，クライアントはリラックスして右脳のプロセスを楽しむことができる。手がかりは，同じ時間枠から他の想い出が自然に現れるのを制限することはなく，自然に起こる記憶検索のプロセスを強化する。手がかりのほとんどが過去全般を通じてさまざまなトラウマであ

る場合でも，クライアントがセッションに持ってくる記憶の手がかりを使用する。外傷性の記憶は最も消えにくいため，最もよく記憶に残っているからだ。経験豊富で調和のとれた LI 療法セラピストは，トラウマの想起手がかりのリストを使用して，トラウマの記憶を活性化することなく，クライアントに過去の時間を通り抜けさせることができる。経験の浅い LI 療法セラピストは，経験が豊富になるまで待つ必要があり，手がかりがほとんどトラウマ的であるクライアントを治療する際には，正規の LI 療法認定スーパーバイザーからスーパービジョンを受ける必要がある。

記憶の拡張は統合を示す

　神経統合が発生しているときは，クライアントは，記憶が自然に湧き上がることやこれらの記憶がステップ 6（後に説明する）で LI タイムラインを繰り返すたびに変化することを報告する。クライアントが，繰り返しごとに同じ記憶が常に現れると報告した場合には，タイムライン通過中に神経統合は発生していない。この現象の最も可能性の高い理由は，クライアントが記憶を想起するために左脳プロセスを使用しているからである。クライアントが考えすぎているように見える場合，または左脳のプロセスを使って記憶を取得している場合は，繰り返しごとに毎年同じ記憶の手がかりを読む。感覚的な性質があろうと思われる記憶の手がかりを使用する。非常に解離性のあるクライアントの場合，関連する身体的な感情なしで，視覚的な記憶を得ることが極めて多い。自らの存在感覚をしっかり体で感じられるクライアントは，記憶の出来事が起こったときの自分の視点から記憶を「見る」。つまり，彼らは子供の自己の目で「見る」のだ。身体が統合されているクライアントはまた，それぞれの記憶に関連する匂いや触覚，音を覚えていることがよくある。

クライアントの心身のシステムに従う

　人間の体と心は自然治癒能力が備わっている有機体である。LI 療法
は，クライアントの心身のシステムに従い，そのシステムに固有の知識
を尊重する治癒法である。過去 10 年間に何千もの LI 療法のセッション
を実施して，私はクライアントの心身を信頼することを学んだ。クライ
アントの自己システムは，自分自身を癒すために行く必要がある場所を
私よりもはるかによく知っている。システムがどこに行くかは，私の分
析的な心がそれが行く必要があると考える場所ではほとんどないのだ。
同様に，クライアントのシステムは，問題が発生したとクライアントが
信じる場所に行くことはめったにない。

幼少期にトラウマがあったり幼少期が不明な場合

　クライアントの現在の問題の根底にある自己防御構造が，記憶を顕在
記憶として符号化できるようになる以前に心身に生じていた場合，クラ
イアントは LI 療法標準プロトコールのステップ 1 で現在の問題に関連
する情報源記憶（原因となった出来事の記憶）を思い出すことができな
い。2 歳より前にトラウマやネグレクトが発生した場合や初期の発育歴
が不明な場合には，クライアントの自己を強化し，感情を調整する能力
を向上させるライフスパン統合プロトコールから始める（人生のごく初
期から始まる LI プロトコールの詳細については，第 5 章を参照）。分裂
などの初期の原始的な防御は，通常，子供が 2 歳になる前に起こる。LI
療法を使用して境界性パーソナリティ障害および自己愛性パーソナリテ
ィ障害と診断されたクライアントを治療する場合，LI 構造構築プロト
コールを使用して，境界性パーソナリティの分裂に対処し，自己愛性パ
ーソナリティの自己の空虚な中核を修復する。愛着障害のあるクライア

ントも，LI 療法情動調律プロトコールおよび LI 療法の他の構造構築プロトコールにより，早い時期から効果を得ることができる。

ライフスパン統合に必要な時間

　40 歳未満のクライアントの場合，通常では 1 時間以内に 1 セッションを完了することができる。それ以上年齢が上のクライアントや幼少期の欲求が満たされていないクライアント，および非常に解離の進んでいるクライアントの場合には，各セッションに 1.5 時間かかる。

自己の一部が LI 療法のプロセスに干渉する場合

　私たちにとって，「自己の部分」はそれ自体が神経システムそのものである。それらの「部分」は，分離された神経網として自己システム内に存在する。「部分」は，それ自身は自己システムとは別の存在であるとみなし，しばしば自我異和的に独立して行動する。そのような部分は，クライアントの実際の性別に関係なく，年齢を問わず，男性でも女性でもありうる。「部分」は，人間以外の形や姿をとることもある。自己のこれらの「部分」は，元を正せば，自分ではどうしようもない状況をひとりで乗り切るために子供によって作られたのだ。トラウマやネグレクトを経験し，それを理解するのに十分な親のサポートがない子供は，自分を助けてくれる部分的な自己や架空の友人を育てることが多い。これらのヘルパー役の「部分」が発達過程で統合されていなかった場合，それらは独自の人生を歩み，後に自己システムの機能を妨げる可能性がある。

　場合によっては，標準プロトコールの最中に，「部分」が統合プロセスを中断しようとして姿を現すことがある。歪んだ映像，漫画のような

映像，および映像に現れる人間以外の形態はすべて，活性化した部分の指標である。タイムラインの通過中に状態が変化していく間，意図せずに体がガクガクするクライアントは，多くの場合，自己システム内に分割された部分が存在する。

　LI 標準プロトコールを使用する場合，大人の自己が子供の自己を好きではないと言うことがある。そのような場合は，「大人の自己」が実際には中核的な自己ではなく，「部分」でしかないことが問題である可能性がある。クライアントが自分の子供の自己に嫌悪感を表明した場合，セラピストは，クライアントにセラピストを想像の中に登場させて，傷ついた子供の自己の世話をすることを想像させてセッションを終了することができる。セラピストは，標的である情報源記憶が解消されるまで繰り返し続けなければならない。子供の自己が好きではないクライアントは，標準プロトコールを始めることができない。

　断片化された自己システムを持つクライアントは，情動調律プロトコールおよびその他の構造構築プロトコールから始める必要がある。自己一貫性のある熟練した LI セラピストによってライフスパン統合情動調律プロトコールの施術を繰り返し受けると，断片化されたクライアントが自己構造を構築し，中核的自己へよりしっかりつながることができるように役立つ。クライアントの自己システムが断片化されている場合，部分的自己を正常に統合する前に，中核的自己を構築するか，既存のコアを強化する必要がある。多くの場合，中核的自己を強化する過程で，部分的自己は自動的に自己システムに統合され，問題がなくなる。

　LI 標準プロトコールの概要を以下に示す。これは単なる概要であり，この方法を使用するセラピストのための手引き書となることを意図したものではない。LI 療法は非常に強力で効果的な治療法である。この方法の利用を希望するセラピストは皆，正規のライフスパン統合トレーニングに参加し，LI 療法認定スーパーバイザーのスーパービジョンを受

けてフォローアップを受ける必要がある。経験の浅い，訓練を受けていないセラピストがこの方法を使おうとすると，クライアントの抱えている問題を完全に統合せずに活性化する可能性がある。LI療法を不完全に行うことは，クライアントを治癒させない可能性があり，クライアントに害を及ぼす危険性がある。

LI標準プロトコール

【注意】ステップ1と2は，セッションの開始時に1回だけ実行される。すべての繰り返しはステップ3から始まる。

◉ステップ1
感情ブリッジを用いて，現在抱えている問題に最も関連している情報源記憶を見つける

現在の問題について話し合うとき（または，きっかけとなる事件の聴覚的記憶を視覚化または「聞く」とき），体の感覚に焦点を合わせるようにクライアントに指示する。

目を閉じて，心を空にし，記憶が自然によみがえったら知らせるようにクライアントに指示する。

2，3回試した後でも記憶が顕在化しない場合は，クライアントに，現在の問題と同じように感じたことのある記憶を選ばせる。この場合はクライアントの現在の問題は解決しないが，選ばれた記憶を解決するはずである。

◉ステップ2
「情報源記憶」について話し合う

　自然に浮かび上がった記憶，または選択された未解決の過去の記憶について話してもらうようにクライアントに指示する。

◉ステップ3
　クライアントは，記憶の場面にいる子供の自己の年齢に戻り，感覚のある体の部位を手で指し示す。クライアントの現在の自己は，子供の自己を助けるためにその記憶の場面に入る

　情報源記憶に戻り，その過去の状況で再び当時の自分になるようにクライアントに指示する。

　クライアントに，体のどこで感覚を感じるかを手で指し示して見せるように指示する。

　現在の大人の自己がその記憶の場面に入るのを想像するようにクライアントに指示する。準備ができたら知らせるように指示する。

　大人の自己が当時の場面に入ったことをクライアントが示すと，セラピストは「子供のあなたに，自分が大人に成長したその子自身であり，その子を助けるために時を遡って戻ってきたことを伝えてください」と指示する。

◉ステップ4
　子供の自己を安らかな場所に連れて行く

　クライアントに，子供の自己をその記憶の場面から連れ出して安らかな場所に連れて行くことを想像してもらう。場所は世界中のどこでもかまわない。その場所は，子供がリラックスでき，子供と大人が快適に会話できる場所でなければならない。その場所は想像上の場所でも良い。過去の時間または時間外（つまり，現在の時間ではない）である必要がある。

◉ステップ 5
現在わかっている情報を子供の自己に教える

　安らかな場所で，セラピストはクライアントが次のように行動するように指導する。

　1）想像力を働かせて子供の欲求に対応し，
　2）その幼い自己にこう伝える。「_____ はずっと前に起こった。そして今はもう終わっている」。

　セラピストはクライアントを指導し，クライアントに子供の自己に言う言葉を教える。言葉は簡潔で要領を得たものでなければならない。セラピストはまた，やりとりを指導するかもしれない。セラピストは，トラウマを抱えた子供が何を必要とし，何を聞く必要があるかを判断する。

　文を簡潔にし，年齢に適した言葉を使用する。このステップには，最大 1 分から 2 分しかかからない。

　この会話は子供の自己に声を出さずに心の中で伝えられる。

【重要】セラピストは，クライアントの子供の自己と直接話すことはない。会話は，セラピストから大人のクライアントを介してクライアントの子供の自己に伝えられる。

◉ステップ6
時系列の映像と記憶のタイムライン

クライアントは子供の自己に，自分がどのように成長したかを見せることを提案する。

セラピストは，情報源記憶の直後の手がかりから始めて，記憶の手がかりをクライアントに読み聞かせる。

セラピストは，各記憶の手がかりの後にうなずくようにクライアントに求める。セラピストはクライアントに対して常に注意を払っている。クライアントがうなずくたびに，セラピストは次の手がかりを読む。クライアントが感情的に昂ぶり始めた場合，セラピストは常に調子を保ち続け，クライアントがついてきていることを確認しながら手がかりを読み続ける。

◉ステップ7
子供の自己を現在に連れてくる

クライアントが現在の年齢の記憶イメージに到達すると，セラピストはクライアントに，大人のクライアントが現在住んでいる家に子供の自分を連れてくることを想像するように指示する。

　セラピストはクライアントに，子供の自己を家族に紹介し，いくつかの重要なポイントを繰り返し言い聞かせるように指示する。たとえば，次のようになる。

　「君は無事だ，○○○○（トラウマ的な出来事）は終わった，大人の自分にとって君は大切だ」などと子供の自分に伝える。簡潔にして，最適な言葉を用いる。

　セラピストは，質問がないか子供の自分に尋ねるようにクライアントに指示する。

　大人のクライアントは，必要に応じてセラピストの助けを借りながら，子供の質問に答える。

●繰り返しの終わり
　短い休憩を入れ，セラピストは次のようなことをクライアントに質問する

- ・他の新しい思い出が浮かび上がってきたか。
- ・タイムラインを読み上げる速度に問題がないか，速すぎないか，または遅すぎないか。
- ・子供の自己の様子について，子供は（もしあれば）何を質問したか。
- ・子供は反応したか。注意深かったか，それとも気が散っていたか，沈んでいたか，心配していたか，大人の自分を見て興奮していたか，大人の自分を警戒していたか，など。

　休憩後，**ステップ3**に戻る。**ステップ3**から**ステップ7**を繰り返す。

その繰り返しの間にごく短い休憩をとる。

次の3条件が満たされるまで，**ステップ3**から**ステップ7**を繰り返す。

1）子どもの自己は，自分が今や成長した自己の一部になっていることをしっかりと認識している。
2）過去についてこれ以上の質問や懸念が子どもの自己になく，
3）クライアントが，タイムラインの最後の繰り返しの間に，大きな割合で肯定的な記憶とイメージが自然に顕在化したことを報告する。

ステップ3から**ステップ7**の最後の繰り返しで，現在のクライアントの家にいるときに，子供の自己に他に質問がない場合は，セラピストはクライアントに子供の自己に伝えたいことを言う時間を与える。

次に，セラピストは大人のクライアントに，若い自己を大人の自己に融合させてあげるように指示する。この融合は象徴的なものであり，しなければいけないことではない。

◉ステップ8
情報源記憶を確認する

セラピストはクライアントに，記憶の場面をもう一度思い出し，その場面を見ているときに感じる体の感覚に注意するように求める。

統合が完了すると，クライアントの体の感覚は穏やか，または自然になり，子供の自己は想像の中で通常の年齢に適した方法で行動するか，

想像に現れなくなる。

　クライアントが情報源記憶に戻ったときにまだ体にいくらかの苦痛を感じていると報告した場合は，**ステップ3**に戻り，**ステップ3**から**ステップ7**を繰り返す。

　クライアントが身体に苦痛を感じることなく情報源記憶シーンを表示できるようになるまで，**ステップ3**から**ステップ7**を繰り返す。

　ステップ8でクライアントの体感に違和感がなくなっている場合は，**ステップ9**に進む。

◉**ステップ9**
現在問題となっていることについて確認する

　【注意】クライアントが**ステップ1**で選択した記憶を使用した場合は，**ステップ9**を省略する。

　通常では，その現在の問題が解決されたとより感じられるか，問題とはみなされなくなる。クライアントの現在の問題が完全に解決されていなくても，情報源記憶が解決されれば，セッションは完了したとみなされる。

　現在抱えている問題に関連する他の情報源記憶が存在する可能性があるが，それらは今後のLI療法のセッションで対処したり解決できる。現在の問題が最初のセッションの間に完全に解決される場合もあれば，さらに多くのLI療法のセッションが必要になる場合もある。

【重要な注意事項】

　他の記憶についてクライアントと話し合う前に，情報源記憶の統合を
完了する。

　セッションの途中で情報源記憶を切り替えてはならない。

　記憶について話すと，神経網が活性化される。これらの記憶を処理し
て統合するのに十分な時間がセッションに残っていることが確実でない
限り，クライアントがタイムラインに沿って現れる記憶について話し合
うことを許さない。

　他にどんなトラウマ的な記憶がよみがえるかを書き留めておく。クラ
イアントが望む場合には，将来のセッションでこれらの記憶を扱うこと
ができる。

　LI療法が正しく行われ，タイムラインが十分に繰り返されると，セ
ッションの最後に未処理の内容を含める必要がなくなる。

　LI療法の成功の鍵は統合であることを忘れないでほしい。LIのタイ
ムラインこそが統合を可能にする。セッション中にタイムラインが十分
に繰り返されると，修復は成功して完了する。

第 5 章

自己構造を強化するための
ライフスパン統合プロトコール

　ライフスパン統合プロトコールには，2つの基本的なカテゴリーがある。一つはトラウマ解消プロトコール，もう一つは構造構築プロトコールである。この本ではここまで，外傷を取り除くプロトコールに焦点を置いてきた。この章では，幼少期のトラウマとネグレクトが発達中の子供に与える影響と，ライフスパン統合療法（LI療法）を用いてこの初期の損傷をどのように癒すことができるかについて説明する。さまざまなLI構造構築プロトコールの詳細な説明や具体的な使用法については，この本の範囲を超える。心理療法の専門家は，レベル2およびレベル3のライフスパン統合トレーニングでこれらの高度な技術の使用方法を学ぶことができる。

発達中の子供に対するトラウマとネグレクトの影響

　乳児や小さな子供が，調整を果たせる環境要素のないままトラウマやネグレクトを経験すると，その子供たちは自分の体験のさまざまな部分を統合することができない。トラウマとネグレクトが人生の早い段階で発生すると，トラウマの「記憶」は暗黙のうちに子供の心の中に保持される。潜在記憶は感情的で体感覚の記憶である。これは，記憶された出来事とは関連づけられておらず，時間的には時系列に配置されていない

という点で，顕在記憶とは異なる。幼少期のトラウマの潜在記憶が心身にある人には，理由がわからないまま簡単に情動反応が起きることがある。子供時代の虐待やネグレクトの生存者は，トラウマの暗黙の記憶が活性化されるのを防ぐために，特定の活動や行動を避けることがよくある。

　乳幼児は感情の状態を調整することができない。子供の情動に合わせて調律できる親は，自分の生物本来の神経システムを使って，発達初期の子供の感情状態を調節し，子供が自己調節する能力を内面化するまでそれを続ける。

　　特定の臨界期における乳児の発展途上でまだ未成熟な感情システムに対して母親が外部から行う調整は，自己調整に関わっていく脳領域の経験による発達に影響を与える重要な要因である可能性がある。(Schore, 1994, pp.31-32)

　残念ながら，すべての親が自分の感情状態を調整できるわけではない。自分を落ち着かせることができない親は，取り乱した乳児を落ち着かせることができない。人間の通常の発達では，乳児は養育者と乳児の2人組の中で感情を調節することを学ぶ。養育者がこの作業で乳児を支援できない場合，乳児は，感情状態を調節したりコントロールするためのメカニズムを発達させることなく，成人期まで成長する可能性がある。大人になって，これらの人たちは感情を調整し，自らを落ち着かせるのに苦労し続けることになる。

　感情を調節できない人の多くは，アルコール，薬物，食べ物などの物質，または購買，ギャンブル，性行為などの行動に走る。このような人々はこれらの物質や行動を使って感情を調節するが，心身を傷つけたり生命を脅かすような副作用や結果をもたらすことが多い。

愛着スタイルを修復し，感情の調整を改善するために LI 療法を使う

　安全な愛着関係は，人間の場合，親と子の間で相互交流の過程を通じて生み出される。親と発達中の子供の間で調律がとれた心の状態は，愛着を形成し，後に子供の感情を調整する能力の鍵となる。しっかりとした愛着関係を築くことのできる親は，乳児の早期の愛着欲求を満たすことができる。愛され，世話をされている乳児は，自分が重要で，愛らしく，価値があることを深いレベルで理解するだろう。その子は成長して，安全な愛着関係の築ける大人になる。安全な愛着関係の築けない親は，意図せずして安全ではない愛着スタイルを子供に伝えてしまう。

　幼少期のトラウマとネグレクトを経験する子供は，中核的自己の統合が通常発生する発達初期の「狭間（限られた期間）」の間に，堅実な中核的自己を統合することに失敗することが多い。幼い子供たちが虐待されたり，養育者から別の養育者に引き継がれたりすると（里親制度のように），彼らは全体として統一のとれた自己システムを形成することができなくなる。これらの子供たちは成長して，不安に満ちていたり，無責任だったり臆病な愛着スタイルを持つ大人になる。LI 療法セラピストは，LI 療法情動調律プロトコールを繰り返すことで，このような大人たちに堅実な自己と安全な愛着スタイルを育てる機会を改めて与えることができるのだ。

　　心の状態の調和は，1人の人の脳の活動が他の人の脳の活動に直接影響を与える主要な方法である。協調的なコミュニケーションは，心が互いに「つながる」ことを可能にする。子供の頃のそのような人間のつながりは，子供の自己調節能力の発達に不可欠な脳のつながりの形成を可能にする。(Siegel, 2012, p.94)

　LI 療法の情動調律プロトコールのセッションを定期的に繰り返すと，クライアントの中核的自己が強化され，クライアントの自己システムの一貫性が高まる。これは，通常の発達中に幼児に発生する神経統合のプロセスと非常によく似たプロセスを通じて発生する。

　　　子供と親の間，またはクライアントとセラピストの間の情動調律では，心の状態の断続的な調整が起こる。2 人の状態が調和することで，「精神状態の共鳴」とも言うべきものが形成される。そこでは，各々の状態が相手の状態に影響を及ぼし，影響を受けるのだ。(Siegel, 2012, p.95)

　クライアントの中核的自己の強化に続いて，セラピストは，発達のさまざまな段階で発生したであろうと考えられる愛着関係の破綻を修復することができる。クライアントと情動調律のできているライフスパン統合セラピストは，精神構造の構築や幼少期の情動調整のための LI プロトコールを使って，愛着関係の不全を修復する。情動調律のできる親が，乳児または幼児の重要な神経の発達と活性化パターンの形成に参加するのと同様に，自己が首尾一貫しており，安全な愛着スタイルのセラピストは，LI 構造構築プロトコールを使用して，想像の力を使ってクライアントを「抱きながら（holding）」クライアントに情動調律することができる。このようにして，セラピストは，クライアントを過去の人生全体の記憶の手がかりを通して導きながら，情動を耐性の窓（window of tolerance）の内側にクライアントを「保つ」ことができる。セッションを通して存在する感情状態は，クライアントとセラピストの両方によって感じられる。クライアントは，トラウマ的な出来事を含む自分の過去の出来事を再体験している間，「抱かれている」または「抱えられている」と感じる。自分のライフストーリーの繰り返しを「見る」と同時に，許容できるレベルの感情を感じることで，クライアントは自分のシ

ステム内で記憶がどのように保持されているかを再処理することができる。再体験された記憶に関連する感情状態は，LI タイムラインの各繰り返しの間にクライアントの生物本来の神経システムに統合される。

LI タイムラインによる統合

　幼い子供たちは，自分自身を多くの異なる自己として見ることから始める。それぞれの自己は，異なる感情状態または特定の経験に相当する。映像的な自伝の叙述を共同で構築することで，幼い子供は徐々に自分自身を一つの統一された自己として見始める。この統一された自己は，現在の年齢までの自分の記憶された経験と感情的な状態のすべてを網羅している。

　　感情的に支えられた環境の下で共同構築された物語は，解離反応を回避するために必要な体内の神経の統合と心理的な統合に必要な基盤を提供することができる。(Cozolino, 2002, p.264)

　LI 療法を開始したときには記憶に空白があったクライアントは，LI構造構築プロトコールの多くのセッションの後，最終的には自分たちの人生の部分部分をまとまりのある全体に結びつけることができるようになる。

自己が首尾一貫した経験豊富なセラピストが最良の結果を得る

　LI 構造構築プロトコールの有効性は，施術するセラピストの知識，経験，スキルおよび一貫性と直接相関している。首尾一貫して調和のとれたセラピストと感情的に交流している間，クライアントはセラピスト

の自己調整能力をつまるところ「ダウンロード」する。幼少期の損傷を効果的に修復し，クライアントに強固な中核的自己を構築するために，LI療法では，セッション全体を通してクライアントとの深い調和を維持できるセラピストが必要である。したがって，LI療法の仕事の質と成功は，セラピストが自身の人間関係や精神療法，心身を改善し深める道や方法によって自分自身を癒すために行った努力の量に正比例する。

　エネルギー的に首尾一貫しており，落ち着いて愛情深く，率直な人の前で，非常に平和なエネルギーを感じる経験をしたことのある人はかなり多いだろう。たとえば，霊的ヒーラーの前でこの安らぎと調和を感じるとき，人は自分のエネルギーフィールドの調和と一貫性を感じているのだ。LI構造構築プロトコールで最良の結果を得るためには，セラピストは，しっかりと落ち着きがあり，一貫性があり，オープンで愛情深くなければならない。LI療法中にクライアントに情動的に調律するとき，セラピストは深く，平和で，愛情深く，そして開かれた状態に入る。セラピストはセッション中ずっとこの状態にとどまり，セッションが進むにつれてこの状態に深く入る。ライフスパン統合セッション中，クライアントとセラピストの間のエネルギーフィールドは，新生児と両親または最も主要な養育者との間の理想的なエネルギーの接続を再現する必要がある。セラピストは，クライアントに情動調律するときに確立される「精神状態の共鳴」を通じて，クライアントの心の内にある新生児の自己を本質的に「再養育」（リペアレンティング）するのだ。セラピストが深く，首尾一貫した，安らかで，愛情のある気持ちになれるのは，クライアントとセラピストのどちらにとっても良いことだ。調和のとれた関係は，両方の当事者が恩恵を受ける。

　十分に統合された自己システムは首尾一貫している。安全な愛着スタイルを持つ人は，きちんと首尾一貫した人生の物語を語るものだ。一貫性に欠ける人々は，何かが欠けていることに気づかない傾向がある。こ

れらの人々がより首尾一貫するようになるにつれて，自分が以前はそれ
ほど一貫していなかったことに気づき，違いを感じるようになる。

　このようにして，クライアントは新しい神経発火パターンと自己調節
の新しい方法を「学習」する。調和のとれたセラピストの前で自分のタ
イムライン（人生の物語）を繰り返すことにより，クライアントの自己
システムは時間とともにより首尾一貫したものになる。これは，安全な
愛着を形成し，感情を調整する能力の向上に反映される。LI 療法の後，
人々はより年齢に適した方法で現在のストレス要因に自発的に反応する
ことに気づく。彼らは通常，自分たちの生活，仕事，人間関係，そして
自分自身について良い気持ちを感じるようになる。

第 6 章

イメージと能動的な想像を使う

　イメージと能動的想像を治療的に使用できる方法は幅広く，それらを説明することは，この本の範囲を超える。ライフスパン統合療法（LI療法）を使用する前に他の療法でイメージを使っていなかったセラピストは，LI療法で良好な結果を得ることができるが，範囲や汎用性はそれほど高くない。治療言語としてのイメージを使う療法一般に精通することで，セラピストはライフスパン統合プロトコールのステップ 5 からステップ 7 にかけての段階で，より自由に即興でイメージの中でクライアントを導くことができるだろう。

　能動的想像の基本的なステップの優れた概要は，ロバート・A・ジョンソン（Robert A. Johnoson）の著書『インナーワーク：夢と能動的想像を自己の成長に生かす（Inner Work：Using Dreams and Active Imagination for Personal Growth)』に書かれている。カール・G・ユング（Jung）によって開発された能動的想像法の技術のより徹底的な探求については，バーバラ・ハナ（Barbara Hannah）の『魂との出会い（Encounters with the Soul)』を読むことを薦める。ユング派のセラピストは，アクティブな想像力を用いて，無意識の中に存在するさまざまな原型や自己の一部と対話する。ユングは自分自身に対して能動的想像力を用い，後になってから，自己の無意識な面にアクセスする方法として患者の多くにそれを勧めた。しかし，ユングのアプローチは，患者が

その作業を進める上でのセラピストの存在を想定していなかった。

　LI 療法では，記憶の場面で子供の自己に情報とサポートを与えるために能動的な想像を使う。クライアントは想像の中で，過去のトラウマの場面で凍りつくような状況にある子供の自己に会いに行く。LI 療法セラピストは想像を誘導するのではなく，クライアントに想像の中で何が起こっているのかを尋ねる。次に，セラピストは，クライアントがその中で「見える」と報告したことに対応する方法をクライアントに提案し，指示指導する。セラピストは，クライアントが子供の自己と対話するために可能なやり方を提案し，想像の中の会話で子供の自己に何を言うべきかを伝える。クライアントの無意識のプロセスを妨げないために，セラピストは決して「想像を誘導」することはしない。LI 療法では，想像はクライアントの無意識の心によって生成される。クライアントの想像が生まれるプロセスは，夢がシンボルを通じて私たちに知らせるように，象徴的な情報をもたらすことがよくある。

　以下は，LI 療法中に能動的な想像を用いるためのいくつかの一般的なガイドラインである。

- ・能動的想像法では，人は自らの無意識の内容と相互交流する。
- ・セラピストは，クライアントの内面の素材が自然に現れてくるように促したり，指示する。
- ・セラピストは，想像の中で何が起こっているのか，子供の自己にとって状況がどのように見えているか，その子供が何をしているのか，などをクライアントに尋ねる。
- ・セラピストは，自分の治療スキルと子供についての知識を活用し，トラウマの場面でその場にいる子供をどう助けるかを見極める。
- ・次に，セラピストは大人のクライアントを指導し，その年齢の子

供が理解できる言葉を使い，子供の自己に何を言うべきかをクライアントに伝える。
・セラピストはまた，子供の自己に対してどう行動すれば良いかを大人のクライアントに指導する。例えば，その子を保護する方法，守る方法，慰める方法など。

　ライフスパン統合では，想像の中で過去を再訪し，そこで立ち往生している子供の自己と協力する。これらの子供の自己には，自己システム全体にあるようなより広い視野はない。彼らは子供であった当時の時間枠に閉じ込められているので，時間の経過とともにその後に起こった変化を必ずしも認識しているわけではない。LI 療法では，セラピストはクライアントに過去にいる子供にそのことを教えるように指導する。LI 療法セッション中，大人のクライアントは子供の自己に回帰する。クライアントは提案された言葉を言われた通りに子供の自己に言うことはできるが，自身の大人の自己はしっかりと存在していないので，子供が何を必要としているかについて考えることができない。ある意味で，LI 療法のセッション中，大人のクライアントは再び子供になるのだ。クライアントは，責任を持って自分を助けるために必要なことを実行できる有能な大人（セラピスト）がいて良かったと感じる。これは，最初のトラウマのときに欠けていたことだ。
　能動的な想像法を使うと，記憶とイメージの両方が現れ，しばしば絡み合う。イメージは象徴的であり，夢を解釈するのと同じように解釈することができる。多くの場合，自然に現れるイメージは，クライアントとセラピストに，話すことでは得ることができないような洞察を与えるだろう。この良い例は，ライフスパン統合セッション中に解離性同一性障害（DID）クライアントの元に現れたトーテムポールのイメージだった。クライアントは，自分のさまざまな分身が同じ体と心を共有してい

るということを長い間理解できないでいた。彼女は知的なレベルでははっきりと理解することができたが，より深いレベルではそれを受け入れることができなかった。彼女自身の心身システムがトーテムポールのイメージを表したとき，彼女は最初は混乱した。だが，このイメージの意味を説明すると，彼女はトーテムポール上のすべての存在が同じ木のブロックから彫られていることを理解した。ちょうど彼女のすべての分身が同じ体を共有していたのと同じように。この自然に現れたイメージは，彼女が本当に一個の心身なのだということを理解するのに役立った。

　過去に凍りついたままの子供たちの治療にあたる際，能動的な想像法は安全やサポート，思いやりを伝えるために使うことができる。乳幼児や幼い子供に「今はもう安全だ」と言っても役に立たない。（セラピストによって指導された）大人のクライアントの能動的な想像を通して，とても幼い子供の自己が安全や愛着，そして調和を感じられる状況を作り出す。

内部会話のコーチング

　LI療法では，大人のクライアントとその子供の自我状態が交わす心の中の会話を指導することによって過去の子供に現在からの視点と情報をもたらす。このアプローチの背後にある理由は，第3章「応用神経科学」で説明されている。セラピストはこの会話において多分に積極的な役割を果たし，大人のクライアントとその分裂した子供の自己との間の架け橋として機能する。休憩時間中，セラピストは大人のクライアントと話し合って，トラウマのときに何が欠けていたか，クライアントが現在の視点から当時の子供の自己に理解してほしいことを理解する。プロトコールの後半で，セラピストはこの情報を子供が理解できる言葉に変換し，大人のクライアントを介してこの情報を子供に送る。一般的なセ

ラピーと同様に，内部の会話を指導するときは，クライアントの信念と
価値観を尊重することが重要である。このような指導は，子供の自己に
過去のトラウマを解消するのに必要な情報とサポートを与えるための会
話を指導している限り，問題にはならない。

　クライアントの子供の自己が現在ある情報以上のものを必要とするこ
とも時々ある。セラピストは，新しい情報に対する子供の反応につい
て，大人のクライアントにフィードバックを求める。子供は言われたこ
とを信じるか，質問はあるか，などである。クライアントとその子供の
自己との間で交わされる内部対話の指導は，もしトラウマ当時に適切な
サポートがあればその子を救ったかもしれない援助を，子供の自己に改
めて提供する手段と考えてほしい。これらの介入は，大人の中にいる子
供の自我を現在において助けるのだ。なぜなら，子供の自我状態は，大
人のクライアントが潜在的に持っている能力を使えないままで何年も過
ごしてきたからだ。大人の内なる子供を治療するときには，セラピスト
は，適切な年齢と適切な言語を用いなければ良い結果を得られないだろ
う。LI 療法のセラピストは，より良い結果を得るためにも，子供と良
好な関係にあり，子供の発達の基本を理解している必要がある。

構築された「記憶」

　クライアントが子供の頃のことをあまり記憶していなくても，信頼で
きる情報源からの事実情報がある場合は，セラピストは「構築された記
憶」を使うことができる。この用語を使うのは，「虚偽記憶症候群」と
の混同や，それに関連する問題を避けるためである。成育歴に関する事
実がわかっていて事実確認ができれば，実際に覚えている必要はない。
構築された記録は単なるフレームワークなのだ。明らかになっている事
実に専念することが大切である。

　【例】クライアント X は暴力的な家庭で育った。X が報告した事実によると，彼の継父は，X が 3 歳のときから 8 歳のときに母親が離婚するまでの間，何度も母親を殴打した。X はこれらの争いのほとんどを目撃し，継父を止めようとしたと母親から聞いていた。X 自身は暴力のことを覚えていないが，これらの過去の事実は X の祖母やいとこ，年上の兄弟たちによって確認されている。X は親密な関係を持つことが難しく，自分の幼少期の経験が問題の一部であると信じている。

　実際の記憶がなくても幼少期のトラウマは，LI 療法を使って治療することができる。

1）継父が母親を殴るのを 3 歳の自分が見ているところを X に想像してもらう。
2）X に，この構築された記憶を見ながら，自分の体にある感覚を意識するように指示する。
3）LI 療法のプロトコールを使って，この「記憶」についての施術をステップ 3 から始める。

　上記の例では，X は 5 年間にわたって暴力を目撃した。このように，X が 3 歳のときの潜在記憶を統合することは，彼がさまざまな年齢や発達段階で暴力を目撃することから保持している可能性のある他の潜在記憶を統合するわけでは必ずしもない。この期間のすべての潜在記憶を統合するためには，セラピストは，別々の LI 療法のセッションで，X が 3 歳から 8 歳までの違った年齢（おそらく 3 歳，4 歳，6 歳，8 歳）で自分自身を見ている別々の構築された記憶を扱う必要がある。
　クライアントが「構築された記憶」の場面を想像するときに体に感覚がある場合は，そのクライアントはおそらく子供の頃にあった同様の出

来事の潜在（身体の）記憶にアクセスしている。LI療法プロトコールは，子供の自我状態とそれに関連する身体の記憶をクライアントの現在の自己とセラピストにつなげる。プロトコールは子供自身にエネルギーと情報をもたらし，過去の記憶の中で凍りついている場所からその人を解放する。LI療法標準プロトコールのステップ3から7を十分に繰り返した後，実際の記憶が表面化し始める可能性がある。ただし，クライアントが子供の頃に経験したことや目撃したことを実際に覚えている必要はない。

内部会議室

　内部会議室は，クライアントの無意識の内容にアクセスするために使う想像法の技術である。しっかりとした中核的自己を欠いているクライアントに内部会議室の手法を使用することは勧めない。会議室を使用してクライアントの自己の断片を「引っ張り出しに行く」セラピストは，クライアントの分極化された部分を活性化してしまうリスクをとることになる。これらの部分は，怒っていたり，自己防衛的で，一度活性化されると，LI療法セッション後1週間続きかねないほどの大混乱をクライアントの自己システムに引き起こしかねない。「緩い」部分が（自己の中核に）あるクライアントのほとんどは，首尾一貫した自己システムを欠いている。これらのクライアントには，LI療法情動調律プロトコールおよびその他の構造構築プロトコールのセッションを数多く繰り返すことが役に立つ。

●内部会議室のテクニック

1）クライアントに，地上から始まり，地下にある扉まで降りていく9段の階段を想像してもらう。扉の向こう側に，クライアン

ト自身のさまざまな「部分」が心の中の葛藤を解決するために集まって話し合うことができる会議室があることを伝える。目を閉じてリラックスして，9から1へのカウントダウンを聞きながら階段を降りていることを想像するようにクライアントに指示する。

2）9から1まで逆にカウントし，それぞれの数がクライアントの呼気と一致するようにタイミングを合わせる。

3）カウントが終了したら，次のように言う。「あなたは階段の一番下にいます。準備ができたら目の前の扉を開けて，内部の会議室にアクセスできます」。クライアントに会議室に入り，取り組んでいる問題の責任者である自分の「部分」に話しかけるように指示する。

4）クライアントは，その「部分」を見つけたら合図する。クライアントがその「部分」について気づいたことについて話し合う。

　該当する「部分」が見つかると，セラピストによって指導された大人のクライアントは，その「部分」と心の中で会話を続け，自己システムにおけるその「部分」の役割について改めて交渉する。その後，LI標準プロトコールのステップ6およびステップ7を通して時間が経過したことをその「部分」に見せる。ステップ6では，その部分が自己システムでその役割を果たしていた当時の年齢でタイムラインを開始する。このようにして，その「部分」は，自らが形成されたときとは状況が変化したことが（記憶の中の情景を通して）わかる。

　自己のその「部分」は，現在は当時よりも多くの選択肢があり，その「部分」自身もさまざまな役割を果たすことができ，そのことが自己システムにとってより役立ったり，自らにとってもより楽しいものになる可能性があることがわかっている。新しい役割または「仕事」が割り当てら

れることは，その「部分」が自己システムによって評価されていると感
じるのに役立つ。昔から続く問題行動をやめるように，その「部分」に
単に要求してもうまくいかない。古くからの行動はその自己の部分にあ
る唯一の「生き方」だからだ。その「部分」が，以前からの役割を放棄
することを死ぬことかのように恐れることもよくある。その部分に新し
い役割を割り当てることは，その行動を別の方向に導く方法である。新
しい役割とは，単にもっと遊んだり，歌ったり踊ったりすることかもし
れない。3歳の部分を統合する場合，新しい役割は3歳の子供が実行で
きる役割である必要がある。

　多くの場合，時間の経過とともに起きたことがわかると，自己の「部分」
は非常に安心する。「部分」は自分が安全であり，常に警戒する必要が
ないことに気づいたとき，子供の自己を守るために何年も頑張り続けて
疲れ果てているのだと報告するかもしれない。「部分」は疲れ果てていて，
新しい役割を引き受けることを考えることができないかもしれない。こ
のような場合は，クライアントに，その「部分」がリラックスして眠る
ことができるような休憩場所を，現在の現実の中で，あるいは想像上見
つけるように指導する。

　LI標準プロトコールのステップ7で，セラピストによって指導され
ながら，その前のステップで話し合われた役割の変更について，大人の
クライアントは「部分」に改めて確認する。セラピストはクライアント
に，古い（問題のある）役割を放棄し，新しく合意された役割を始める
ことに同意するかどうかを尋ねるように指導する。セラピストは，大人
のクライアントに，その「部分」が自分の一部として現在生きているこ
とを説明するように指導する。

　この変更されたLI標準プロトコールのステップ5，6，および7は，
4回以上繰り返すこともある。最後の繰り返しの終わりに，必要に応じ

て「部分」が（現在の自己と）融合することもある。融合の成功は，統合を示すものではない。クライアントがしっかりした中核的自己を持っていない場合，この想像の中の仕事は成功しているように見えるかもしれないが，通常は長くは続かない。

第 7 章

摂食障害の治療

拒食症患者の治療

　拒食症は通常，思春期に発症する。拒食症患者は，正常で健康的な体重を維持することに対して非常に抵抗する。体重がすでに危険なほど少なくても，体重を減らすことができれば，彼らは成功したと感じる。拒食症の人は，食べ物について考えたり何を食べるかを計画するのに，途方もない時間を費やすことがよくある。また，拒食症患者には，食物摂取に関して厳しいコントロールと習慣的行為があることがしばしばある。彼らは自分たちの習慣的行為を使うことで，何を食べるか，いつどのように食べるかをコントロールする。多くの拒食症患者は，過度の運動も強迫的に行っている。ほとんどの拒食症患者は，完全に明白であるのにもかかわらず，事実とは反対に，自分には問題がないと信じている。彼らは，自分を助けたいと思っている人たちよりも自分のほうがよくわかっていて，優れていると感じている。彼らは，自分が他の人たちより強い意志と自らをコントロールする能力を持っていることを示さなければいけないと感じている。このことは彼らに達成感を与えているようだ。

　私は数人の拒食症患者の治療を通じて，それらのクライアントの食べ物についての思考や言動に関わっている自我状態は思春期の子供であることを学んだ。この思春期の「部分」が，自己システムを乗っ取って操

作していた。拒食症の「部分」やその自我状態は，体が大きすぎるとか太りすぎていると信じて，過去に引きこもったり，行き詰まったりしている。拒食症の「部分」には，現在の低体重の姿ではなく，過去の身体の姿が見えるので，鏡を見ることは役に立たない。

　ライフスパン統合療法（LI療法）は，拒食症のクライアントが食物摂取の調節を実行している自己の「部分」を統合するのに役立つ。以下に，時が経過して体が本当に変化したということが行き詰まっている拒食症の自己の「部分」にわかるように，どのようにLI療法を使うかを解説する。拒食症の行動の元になっている自己システムの「部分」は，体の大きさの変化を見て本当にショックを受け，驚いている。拒食症の発症前は安定していて極めて「正常」だった若い拒食症患者では，拒食症の部分の統合に焦点を当てたLI療法の1，2回のセッションの後，完全でほぼ奇跡的な回復が見られた。拒食症が早期に発見された場合，完全に回復する可能性は，はるかに高くなる。拒食症の行動が長年にわたり強化されている場合には，LI療法による治療は効果がないこともある。幼少期のトラウマやネグレクトの病歴がある拒食症患者の場合は，拒食症の自我状態を統合しようとする前に，情動調律プロトコールを用いてしっかりした中核的な自己を確立することが必要である。

　思春期の自我状態とうまく作業するためには，彼らが大人の話を聞くことに興味がないことを認識することが重要である。彼らに情報と選択を与え，敬意を持って彼らと交渉すると良い。

使用した治療法

　クライアントに次のことを説明する。

　　・人の役に立ったり，外見が良く，完璧で，人に好かれようとして

いる自分の一部がいる。

・その「部分」は非常に強力になり，今ではシステム全体を支配している。

・今や自分の生活全体の目的が，食べ物または食べ物の回避になっている。そのために，自己システムの他の「部分」にも問題が起きている。

・多くの人は，さまざまな問題を解決するための自分を，自己の中の「部分」として創り出す。ただし，自己のすべての「部分」たちがチームとして連携できる場合には，自己システムはより効率的に機能する。

　次に，食べ物に関する思考や言動を担当する「部分」と会話する意思があるかどうかをクライアントに尋ねる。クライアントが目標，つまり望む結果に同意していることを確認しなければならない。クライアントは通常，体重を増やしたくないのだ。目標は，より自己受容的になることだったり，食べ物や体脂肪，完璧な外見や完璧であることについての心配や執着を減らすことかもしれない。先に進む前に，具体的な行動目標について合意することが重要である。

　セラピストは，クライアントに目を閉じて地上から始まる階段を降りていくのを想像するように指示して，9から1までカウントダウンする。セラピストはクライアントに，階段の下にあるドアを通り抜けて，食べ物に関することを担当し，食べないでいる自分の「部分」を見つけるように指示する。クライアントはこの「部分」を見つけたらセラピストに知らせる（内部会議室テクニックの使用方法については，前の章を参照してほしい）。

　クライアントが拒食症の「部分」を見つけたと合図したら，クライアントとその「部分」が一緒に話すことができる快適な場所を見つけるか，

またはそのような場所を想像するように指示する。クライアントの準備
ができたら，クライアントと拒食の原因となっている自我状態との間の
内部会話の指導を始める。

1）クライアントに，自己の拒食症の部分に自己紹介し，拒食症の
　　部分に，体重を減らして外見を良くするためにその部分が行っ
　　てきた努力に感謝していることを伝えるように指示する。

2）自己の拒食症の部分に，その努力の度がすぎて，いくつかの問
　　題が引き起こされていることを伝えるように指示する（そして，
　　今後起きる可能性のある結果を挙げる。例えば，学校を中退し
　　たり，体重が減った場合の入院拒否など）。

3）その自己の年齢をクライアントに尋ねる。その若い自己が拒食
　　症発症時のクライアントとまったく同じように見えるのは，普
　　通はクライアント自身には明らかである。同じ髪型，同じ服装
　　など。通常，拒食症の自己の「部分」は，ぽっちゃりしたティ
　　ーンエイジャーで，12歳か13歳くらいである。

4）拒食症の部分に，その後の人生に多くの変化が起こり，その「部
　　分」がその「役目」を始めてから多くの時間が経過したことを
　　説明するようにクライアントに指示する。現在，その自己の「部
　　分」には今より役立つような他のやり方があることを，その自
　　己の「部分」に説明するようにクライアントに指示する。

5）拒食症の「部分」に対して，それが成長し，今や成長した自己
　　のとても大切な一部となって自分とともに生きていることを説
　　明するように指示する。クライアントに，これがどのように起
　　こったか（その「部分」がどのように成長して年上の自己にな
　　ったのか）を（訳注：心の中の）写真で見せることを伝えるよ
　　うに指示する。

6） クライアントを導いて記憶リストを通過させる（LI 療法標準
プロトコール，ステップ 6）。タイムラインの最初の映像につ
いては，拒食症の発症直後の記憶を選ぶようにクライアントに
頼む。現在までの記憶リストを季節ごとに通過させる。拒食症
の発症以来，季節ごとの記憶の手がかりを含むリストを使用す
る。

7） プロトコールのステップ 7 で，拒食症の「部分」を現在に連れ
てきた後に，自分がやりたい新しい役割（自己システムのため
にどのような新しい役割をしたいのか）について，その部分と
話し合うようにクライアントに指示する。驚くことに，食品関
連の仕事は大丈夫だ。役割は健康的でバランスの取れた食事を
計画することかもしれない。

8） クライアントが少し休憩できるようにする。休憩後に次のステ
ップに進む。

9） クライアントに会議室に戻り，拒食症の「部分」との会話を再
び始めるように指示する。クライアントに，その「部分」が自
己システムのために果たせる新しい役割を見つける話し合いを
継続してもらう。食べ物を制限する以外にしたいことを，その
自己の「部分」に提案してもらうようにクライアントに指示す
る。ステップ 6 で LI 記憶リストを繰り返し，自分がもはやぽ
っちゃりした思春期の子供ではないことを若い自己の「部分」
に改めて見せた後に，ステップ 7 に進む。

10） 新しい役割が決まったら，次のことを自己の「部分」に尋ねる
ようクライアントに指示する。①システムから食べ物を差し控
えるという古い役割を放棄すること，および②新しい役割を引
き受けることについて心配があるかどうか。それぞれの話し合
いの後，ステップ 6 でタイムラインを繰り返す。その後にステ

ップ 7 に進み，若い自己の「部分」を現在の生活の場に連れて
くる。

　多くの場合，懸念は太ることについてである。これは，消化の過程で
起こることについての知識を拒食症の自我状態に教えるようにクライア
ントを指導することによって解決できる。そのような知識を提供する栄
養士のアドバイスも役立つ場合がある。多くの拒食症の自我状態は，自
分が食べる脂肪はすべて体をそのまま通り抜けて，自分の嫌な部位の脂
肪になると信じている。拒食症の自我状態は，食物摂取と体重増加との
関係について不合理な信念を持っていることが多い。
　通常，拒食症の「部分」は，少なくとも 1 週間は新しい役割を試すこ
とに同意する。拒食症の自我状態にこの決定を任せることが重要である。
ほとんどの自我状態は，自己システムの役に立つことを望んでいる。た
だ，どの行動が役立つかについて彼らが誤った考えを持っていることが
しばしばある。

11）拒食症のクライアントに，拒食症の自己の「部分」に協力して
　　くれたことを改めて感謝し，拒食症の発症以来過去数年の間に
　　起きた変化がわかるように過去の場面の写真をもう一度見せる
　　ことをその「部分」に伝えるように指示する。クライアントを
　　再び季節ごとのタイムラインに導く。
12）ステップ 7 では，合意について，拒食症の「部分」と現在の時
　　点で再度検討するようにクライアントに指示する。拒食症の「部
　　分」に対して，時が経過し，それ（部分）が今は成長してクラ
　　イアントの大切な一部になったことを説明するようにクライア
　　ントを指導する。
13）会議室で行うこれらの内部会話，時間の経過，役割の変更の確

認は，時間が許せば再度繰り返すことができる。

14）最後の繰り返しの終わりに，クライアントの大切な一部である
　　ために体を自分の体に融合させたいかどうかを拒食症の「部分」
　　に尋ねるようにクライアントを指導する。「部分」が準備がで
　　きていない場合，融合する必要はない。

　その次の回のセッションでは，内部の会議室に戻って拒食症の「部
分」を見つけるようにクライアントに頼む。その拒食症だった「部分」
に，自己システムで新しい役割を果たせていることに対して感謝するよ
うにクライアントに指示する。クライアントに，以前の拒食症の「部分」
に対して，拒食症の役割の代わりの新しい役割を実行し続ける意思があ
るかどうかを尋ねさせる。以前の拒食症の「部分」が抱えている懸念を，
クライアントがその「部分」と一緒に解決できるように助ける。クライ
アントとその自己の「部分」が，後者が果たす新しい役割について話し
合い直す場合がある。クライアントと以前の拒食症の部分との間で合意
に達した後，クライアントを季節ごとの記憶リストを通過させて現在に
導く。前に拒食症だった「部分」を現在の家に連れてきて，その「部分」
とした合意をもう一度確認するようにクライアントに指示する。その自
己の「部分」が現在の家でクライアントと一緒にいる間，記憶リストを
季節ごとに再び繰り返すこともできる。最後の繰り返しの終わりに，拒
食症だった「部分」に時が経過して，今では年をとり，成長した自己の
大切な一部であることを伝えるようにクライアントに指示する。クライ
アントに，拒食症だった「部分」に，同じ体であるはずの自分の体をク
ライアントの体に融合したいかどうか尋ねさせる。融合は必ずしも必要
ではない。

　上記の内部会話はすべて，クライアントとクライアントの拒食症の自
我状態の間で行われる。クライアントは，プロセス全体を通して言うべ

きことを，セラピストによって指導される。クライアントは，拒食症の自我状態との会話中に自分が内部で聞いていることの詳細と自我状態の行動の詳細をセラピストに報告する。このフィードバックに基づいて，セラピストは，大人のクライアントが言うことや若い自我状態に尋ねる内容を決定する。

大食症と過食症の治療

　大食症（Bulimics）は，過食エピソードの繰り返しと，それらのエピソード中の摂食に対する制御の欠如によって特徴づけられる。過食を埋め合わすために，そして体重増加を防ぐために，大食症には何らかの形の排出行動，自己誘発性の嘔吐または緩慢剤の乱用をしばしば伴う。過度の運動が症状の一つであることもある。大食症患者は自己イメージが非常に低いことが多く，自分の過食と排出行動を恥じている。過食症は恥の行動化であることもある。

　多くの大食症と過食症患者には，幼い頃に食べ物を慰みとすることを身につける傾向が見られる。多くの人は，アルコール中毒者がアルコールを利用するのと同じように，不快な気分状態から逃れ，感情を調整するために過食に走る。アルコール依存症者はアルコールを避けることを学ぶことができるが，過食症患者は食べ物を食べ続ける必要があるため，摂取量を調整することを学ばなければならない。過食症患者には「制限すること」に問題がある傾向があり，他の領域でも制限を設定するのに苦労することがよくある。彼らは，浪費，薬物やアルコール，または性的乱交の問題がある場合がある。これらの過度の行動の多くは，自己鎮静または情動調整のための試みである。これらのクライアントにとって，食べ物以外のもので落ち着く方法を見つけることは，治療の成功にとって極めて重要である。

　人間は出生直後から，吸うという形で摂食して快を求める。情動調整は，母子の一対一の関係の中で「学習」される。自分の感情を調整できない母親は，情動調整のやり方を子供に伝えることができない。一部の乳児にとっては，吸うことが自分をなだめる大切な方法となる。自己鎮静のための食べ物に頼る状態に対処するためには，セラピストは，大人のクライアントの内にいる乳児の自己を「リペアレンティング」するために，LI 療法の情動調律プロトコールを用いる必要がある。セラピストは，クライアントの赤ちゃんの自己を表す人形を抱いて「赤ちゃん」の世話をしながら，落ち着いて大人のクライアントに情動調整する。LI 療法情動調律プロトコールは，親指を吸ったり，タバコ，パイプ，葉巻を吸ったりするなどの他の口唇期固着をやめたいクライアントにも有効である。

　過食症や大食症に LI 療法を適用する場合，LI 情動調律プロトコールのセッションが多く必要になる場合がある。自己鎮静のための新しい神経のパターンを強化するためには，これらの情動同周期化のセッションを毎週，または少なくとも 2 週間ごとに行うのが最善である。過食症と大食症では，LI 療法の主な目的は，クライアントの情動調整能力を向上させることである。情動調整能力が改善したほとんどの過食症患者は，とても簡単に過食と摂食の行動をやめることができる。経験豊富な LI セラピストから LI 情動調律プロトコールのセッションを何度も受けたクライアントは，過食中に解離できなくなったと報告してきた。過去に過食症患者だった人は，過食したいと思っても，それができないと報告する。解離する能力がなければ，クライアントは過食しようとしても，ふつうは少量しか食べず，それ以上は欲しくなくなる。

　ほとんどの場合，排出行動を治療する必要はない。クライアントが自己鎮静することができ，かつて食べ物を食べていたときの解離状態に入ることができなくなったとき，通常，排出行動はもはや問題ではない。

自己鎮静することを学んだものの，排出行動から得られる高揚感を得る
ためにクライアントが食べ続けていることが見られた場合，セラピスト
は，排出行動に夢中になっている「部分」を統合するために LI 療法部
分プロトコールを使用する必要がある可能性がある。

第 8 章

解離性同一性障害の治療

　人間は発達段階初期では，自己は統一されていないが，さまざまな条件や状況に対応するために，多くの自己と自己状態が発達する。通常の発達では，これらの複数の自己と自己状態は，生後２年目から，首尾一貫した自己システムに統合され始める。このタイプの神経統合には，自伝的物語の共同構築が不可欠である。経験を統合しようとしている子供は，出来事について話し合う必要がある。この役割には，子供を知りその子の成育歴をよく知っている人や親，その他の近親者などが最も適している。養育者の大人からの支援と保護がない状態で子供たちが圧倒的なトラウマを経験すると，トラウマについて話し合う機会が子供にないということがよく起こる。このような場合，統一された自己を構築するための神経統合は不十分になる。断片化された自己システムがその結果として生じ，それは多くの場合，解離性同一性障害と診断される。

　子供たちがトラウマやネグレクトのある環境で育つとき，彼らの分離された自己の多くは特殊な性質を帯びる。トラウマの記憶を保持するものもあれば，肉体的な痛みの記憶を保持するものもあるが，戦い，逃走，凍結などの原始的な防御に特化するものもある。親のサポートが不足している場合，または子供たちが経験したトラウマ的な出来事について話し合うことが禁止されている場合には，神経統合に必要な物語の共同構築は発生しない。生い立ちについて話し合ったり共有したりする能力が

ないまま成長したこれらのトラウマを抱えた人々は，自己が断片化されたままとなる。このような人々の多くの自己と自己状態は，部分的にしか統合されていないままである。「交代人格」としても知られている複数の部分的自己は，神経系に別々に保持されている。

　ライフスパン統合療法（LI療法）は，解離性同一性障害の治療に極めて効果的である。LI療法は，解離性同一性障害の交代人格または，分離された自己を統合する。解離性同一性障害を扱う従来の方法は，さまざまな変化の個別の人格を描写し，マッピングすることから始まる。今考えると，この時代遅れの方法は今や不必要で逆効果のようだ。発達神経生物学の分野で現在私たちにわかっていることからすると，交代人格のそれぞれと個別に治療を進めることは，自分たちは自己システムから分離されているという彼らの認識を強化するだけであることは自明に思われる。

　交代人格は，中核的自己の外部に存在する，ある程度独立した神経網と考えることができる。それらは核の外に存在するので，しばしば自己システム内のいろいろなことを知らないままでおり，自身が（自己システムから）分離していると信じている。中核的自己が非常に弱い場合，核の外側に存在するこれらの特殊な神経網（部分的自己）が多数存在する可能性がある。繰り返しによって構造を構築していくLI療法プロトコールによって，クライアントの中核的自己が強化される。

ライフスパン統合療法（LI療法）における解離性同一性障害と特定不能の解離性障害の治療ガイドライン

- ・クライアントの中核的自己が自己構造内でLI療法セッション全体を通して表に出ていることを確認する。交代人格に記憶リストを読んでも，統合はもたらされない。
- ・セッション中，クライアントに目を開いたままにしておくように

依頼する。

・セッション中，セラピストはクライアントに情緒的な波長周期を
　しっかりと同調し続ける。

・セラピストとクライアントの両方が，感情的に落ち着いており，（身
　体的感覚において）現存意識を持ち続ける必要がある。

・構造構築プロトコールの１つを使用する：基本ラインプロトコー
　ル，生命源プロトコール，または情動調律プロトコール。個々の
　クライアントのニーズに最適な構造構築プロトコールから始める。

・セラピストは，セッション中，クライアントの幼児の自己に，情
　緒的な波長周期を合わせたまま維持し続ける。

・セッションの終わりに想像上の融合はない。

・セッションは２週間おきとする。これはクライアントに各セッシ
　ョン後，完全に機能するように戻る時間を与え，かつ，回帰しす
　ぎる前に統合を強化するためである。情動同周期化セッションに
　毎週耐えることができるクライアントもいる。

・持続的に，ゆっくりであっても着実な進歩を目指す。進歩が明ら
　かでない場合は，LI 療法認定スーパーバイザーにスーパービジ
　ョンを依頼する。

解離性クライアントが記憶のリストを準備するのを手伝う

　解離性のクライアントの記憶は大雑把で限られている傾向がある。多
くの場合，記憶に数年の空白があり，順不同である。解離性クライア
ントとの LI 療法を開始する前に，セラピストとクライアントは協力し，
記憶の手がかりリストを作成する。この手がかりリストを作成するため
に，セラピストとクライアントは，いくつかのセッションを使って，ク
ライアントの記憶にある過去の出来事の時系列のリストを一緒に作る。

セラピストは，クライアントからできるだけ多くの出来事を引き出すように試みる。もし入手可能であれば，クライアントの成長の写真などは，記憶の手がかりを構築するのに役立つ。ただし，クライアントが写真に映っている出来事を実際に覚えている必要がある。クライアントが精神的に安定している場合には，過去の年代順の概要について，セッションの合間に自宅で作業することもできる。出来事のリストは，クライアントの過去のできるだけ早い段階から始め，現在まで続くものでなければならない。できあがった記憶の手がかりリストは，かなり大雑把になってしまう可能性がある。2，3年の空白があることもある。記憶に3年間を超える空白があるクライアントに対してLI療法を開始することは賢明ではない。解離性のあるクライアントの場合は，ある程度一貫性のある記憶の手がかりリストが作成できるまで，他の方法で治療を続ける。

統合プロセスを解離性同一性障害のクライアントに説明する

　解離性同一性障害のクライアントの自己システムから信頼を得て，それを維持することは，この治療の成功に不可欠である。セラピストがクライアントの中核的自己に対して，あるいはたまたまそこにいる交代人格に対して，それがどのような交代人格であっても，統合の目標が最終的に自己システムのすべての交代人格や部分的自己に有益だと説明することが重要である。最初は多くの「部分」が脅かされることになる。交代人格は通常，人生の非常に早い時期に発達するため，幼児でも理解できる言葉を使うように注意する必要がある。自己システムのすべての部分がシステムにとって価値があり，それらを追い出すようなことはないと安心することが必要である。解離性同一性障害のクライアントとの初期の治療段階では，彼らの交代人格の多くは，言われていることをあまり理解していない。言葉を理解するが，言葉は彼らの「現実」に適合しないの

だ。多くの LI 療法情動調律プロトコールのセッションを経験し，自分の人生を，時間と空間にわたる自己と自己状態の継続的な流れとして繰り返し見ることで，自分が生きてきたものよりも大きな「現実」が存在することを「理解」し，その中で部分的自己または交代人格は統合し始める。

解離性同一性障害のクライアントに LI 療法を使うこと

　この療法を使用して統合に取り組むことを望む解離性同一性障害のクライアントは，治療が成功するためには，LI 記憶リストの繰り返しの間，可能な限り解離せずに現在に存在し続けることが条件であることを理解する必要がある。記憶リストを通過している間にクライアントが分離すると，1 つ以上の交代人格が入り，中核的自己を自己システムに押し戻す。プロトコール中，クライアントの中核的自己の存在がなければ，治療は成功しない。

　セラピストはタイムラインの記憶の手がかりを読み，クライアントは心の中に記憶のイメージを浮かべるたびにセラピストに合図を出す。数秒後に合図がない場合，セラピストは名前でクライアントに呼びかける。これにより，クライアントの中核的自己がプロセスに再び関与できるようになる。解離性のクライアントは，アクティブな想像力のすべての間，およびステップ 6 で時間を経るときに目を開いたままにしておくと，その場に存在し続けることができるようだ。毎週または 2 週間ごとに間隔を空けて，LI 情動調律プロトコールのセッションを繰り返すと，解離性同一性障害のクライアントの中核的自己が強化される。クライアントの中核的自己が「十分に確立」した後，経験豊富な LI セラピストは，前言語期の愛着を修復するプロトコールを用いて，クライアントが発達期のさまざまな段階で被ったであろう愛着欠陥部分を修復できるようになる。

　解離性同一性障害のクライアントには，落ち着いた状態を維持したま

ま身体に存在し続けることが難しいため，プロトコール全体を通して落ち着いていられるような方法を使うと良い。

1）バニラやペパーミントなどの香りの強いものをクライアントに持たせ，クライアントが分離すると，それを嗅いでもらうようにする。
2）クライアントに足を床にこすりつけ，椅子の肘掛けに手を当ててもらう。足で床を感じ，椅子の張りの質感を意識するように指導する。
3）クライアントに「私は（クライアントの名前）です」「私はここにいる」「私は○○歳です」と声を出して言わせる。

観　　察

・LI療法が解離性同一性障害のクライアントの治療において成功するためには，中核的自己がその場に存在し続ける必要がある。中核的自己は，LI療法セッション中に複数の交代人格の間で切り替えが発生することを阻止しなければならない。
・LI療法が進むにつれて，肯定的な（リソース）記憶を含むより多くの記憶が解離性同一性障害のクライアントに自発的に表面化する。これらの思い出は，クライアントが「点をつなぎ」，人生の欠けている部分を埋めるのに役立つ。
・記憶リストの映像は，おそらく多くの交代人格または「部分」によって同時に「見られる」。
・LI構造構築プロトコールを使用して中核的自己を確立するプロセスにおいては，通常の発達段階でそうあるべきであったように，「部分」と交代人格が自然に統合されるようだ。

第 9 章

分離された自己状態の統合

　自己の分離された状態は，これまで，時代あるいは理論によってさまざまな名前で呼ばれてきた。セラピストが受けたトレーニングや使用する療法により，いくつか例を挙げると，部分的自己，部分対象，自我状態，サブパーソナリティ，インナーチャイルド，または心的複合体（コンプレックス）などがある。これらの「部分」の存在を正当化すること，またはそれらがどのようにあらゆる個人の自己システムを構成するかを説明することは，この本の範囲を超えている。リチャード・シュワルツ（Richard Schwartz）は，彼の優れた著書『Internal Family Systems Therapy』（Guilford Press, 1995）で，個人をシステムとみなす方法と，これらのシステムと作業するために彼が開発した方法について明快に説明している。健康で順応性の高い個人では，その内部の「部分」たちは，自己の有能なリーダーシップの下でチームとしてスムーズに連携する。

　クライアントとして私たちのもとに来る多くの人たちは，不健康で自己破壊的なやり方で行動する部分が自分にあることに気づいている。多くの場合，クライアントは「よくわかっている」とか，自分自身のために何か違うものを望んでいると報告するが，時々自分のコントロールを奪う「部分」に対して無力だとも感じる。

　ライフスパン統合療法（LI療法）を使用して分離された自己状態を統合することが難しい場合がある。セラピストは，LI療法トレーニン

グの３つのレベルすべてを受講するまで，このLI療法のバリエーションを試してはならない。さらに，セラピストは，堅固な中核的自己を欠いているクライアントに対して，その分離された自我状態を統合しようとすべきではない。堅固な中核的自己はLI療法構造構築プロトコールの多くのセッションを通じて構築されるため，以前は別々だった多くの部分が自発的に統合されるのだ。LI療法情動調律プロトコールの十分なセッションにより，より強固な中核的自己と自己への愛着がもたらされた後，クライアントは，以前に自己システムを「ハイジャック」した部分が後景に平穏に残っているか，あるいは見えなくなっていることに気づく場合がある。

　「部分」は統合によって脅かされる。彼らにとって統合とは，彼らの終わり，または彼らの死を意味する。それがどれほど高く評価されているか，そして自己システムが異なる役割を果たすためにそれをどのように必要としているかを「部分」に説明することが重要なのはそのためである。その「部分」に新しい仕事を与える目的は，その「部分」が自己システムによって評価され，必要とされていると感じさせるためである。新しい「仕事」はその「部分」がやりたいことであり年齢相応でなければならない。「部分」は，外観にもかかわらず，多くの場合，幼いものである。クライアントがそれを作り出した時点の年齢で過去にとどまっているので，その理解と能力は限られている。

　解離性のクライアントは，多くの場合，想像力に長けており，第６章で概説した内部会議室の手法を使うと，分離された自己状態を統合するように見える。ただし，クライアントが堅固な中核的自己を欠いている場合，この認識される「統合」は精神的な運動にすぎない。別の「部分」（神経網）を統合できる堅固な中核的自己がない場合，真の統合は発生しない。自己システムの断片または一部を扱うことは，クライアントとセラピストの両方にとって興味深いことであるが，ほとんどの場合，効果的

ではない。分離された自己状態を示すほとんどのクライアントは，堅固な中核的自己を構築するため，LI 情動調律プロトコールを何度も繰り返す必要がある。堅固な中核的自己を持っているほとんどのクライアントは，自己システムから独立して行動する「部分」を持っていない。

分極化された部分

　分離された自己状態は，しばしば分極化されるか，さらに小さく分割される。リチャード・シュワルツ（1995）は，分極化された「部分」と生来の複雑な内部システムの働きを綿密に説明している。「部分」の極端な側面が，自らのシステムからそれらを作り出したクライアント自身にとって恐ろしいものである場合がある。その場合，セラピストは，子供の自分の自己が実際の，または感じた危険から身を守るために自らその「部分」を作成したこと，そして恐ろしい「部分」の中心は怯えている子供の自分の自己があることをクライアントに気づかせる必要がある。クライアントの自己システムを構成する内部部分の極端さと複雑さは，子供の幼少期の環境の極端さと複雑さを反映している。

　ほとんどの断片化された自己システム内には，傷ついた子供の「部分」を保護するようにつながっている分極化された「部分」たちがある。これらの保護的な「部分」たちは，システムの奥深くに隠れている傾向があるが，傷ついた子供の「部分」を保護する必要があると見ると，前に出てくる。傷ついた子供の「部分」を統合する過程で，関連する保護的な「部分」が活性化する可能性がある。これは，LI 療法のセッション内では明確に現れない場合があるが，セッションの直後と翌週にクライアントに何らかの問題を引き起こす可能性がある。これが，堅固な中核的自己が存在する前に，自己システムの分離された「部分」を統合するように試みることを推奨しないもう1つの理由である。LI 情動調律プ

ロトコールを一貫して毎週または 2 週間ごとに使用するほうが効果的である。週を追うごとに，自己システム全体の中で統合と一貫性をもたらすようになる。

体細胞記憶の統合

　クライアントに体の記憶のように感じられる肉体の痛みがある場合，痛みを保持している体の感覚の状態を統合することは，時には肉体的な痛みの感覚を終わらせることができる。これは，痛みの神経記憶に対して痛みが存在するが，痛みの物理的な理由がない場合に作用する。

　LI 療法標準プロトコールを使用し，クライアントに，（体で感じている感情ではなく）体の肉体的な痛みに焦点を当てるようにする。ステップ 1 を使用して，体細胞の状態に関連づけられている記憶を見つける。中核的自己がしっかりしているクライアントは，ステップ 1 で通常は，感じた身体的苦痛から始まる感情ブリッジをたどって，身体的に記憶されている肉体の痛みを伴う思い出にアクセスできる。感情の手がかりを<ruby>遡<rt>さかのぼ</rt></ruby>って関連する痛みの記憶を見つけるとき，クライアントは，浮かび上がる記憶がクライアントが期待したものではないことにしばしば驚かされる。

　堅固な中核的自己を持たないクライアントは，一般的に，自分の体の中にある感情をうまく追跡することができない。これらのクライアントは，消去しようとしている肉体的な痛みを初めて感じたときの記憶を選ぶと良い。ただし，記憶がこのように選択されると，感情の手がかりによって「検出」される場合に比べて，痛みの記憶を正常に消去できる可能性は低くなる。

　痛みの記憶を除くために，LI 標準プロトコールを続ける。クライアントに，現在の自分が記憶の場面に入っていくのを想像するように指示

する。クライアントは，子供の自我状態を安らかな場所に連れて行くことを想像する。その安らかな場所で，セラピストは大人のクライアントに，果敢に何年にもわたって痛みを抱えてきたことに対して子供の自己に感謝するように指導する。セラピストはクライアントに，時間が経過し，その子の体が成長し，過去の身体的損傷から治癒したことを子供の自己に説明するように指導する。次に，セラピストは時系列の記憶の手がかりを介してクライアントを導く（ステップ 6）。そのステップのセット全体を 3 回から 5 回，または体の痛みの記憶がなくなるまで繰り返す。

第 **10** 章

新たな活力を得ることと
本質と存在への結びつきを回復すること

　人間は自分自身の中に，感情的，知的，そして精神的な潜在能力を豊富に持っている。これらの資源を生活の特定の領域において役立てることができている人たちもいるが，そのような人たちにさえも，これらの資源にアクセスできないでいる自分の一部がある。ある男性は，子供たちの優れた親になることができるかもしれないが，それでも彼は，自己の幼い，怯えている「部分」の面倒を見ることができないと感じるかもしれない。彼はおそらく妻のしてくれる世話に頼り，もし妻が去るようなことがあれば，見捨てられ，一人ぼっちで怯えて，自分で自分の面倒を見ることができないと感じる。同様に，仕事上は非常に有能な弁護士であっても，家庭では，モラルや言葉，肉体的な虐待を受け入れる女性もいる。これらの人々の内面の分断は，不完全な神経統合の結果である。ライフスパン統合療法（LI療法）を正しく使用することにより，クライアントは，現在の問題に役立つ自らの内面的な強さのどこかに自発的にアクセスするようになる。

　LI療法はまた，人をその本質と存在に再びつなぎ合わせる。『Elements of the Real in Man』（1987）で，アルマース（A.H. Almaas）は，発達過程で，環境との相互作用を通じて，本質の喪失がどのように起こるかを次のように説明している。

赤ちゃんは生まれたとき，ほとんどすべての本質を備えた純粋な存在である。もちろん，その本質は，発達した，または実現した大人の本質と同じではない。それは赤ちゃんの本質であり，分別化されておらず，すべてが大きくひとまとまりになっている。幼児が成長するにつれて，人格は環境，特に両親との相互作用を通じて発達し始める。ほとんどの親は，本質ではなく個性で識別するため，子供の本質を認識したり奨励したりすることはない。数年後，本質（Essence）は忘れられ，本質の代わりに個性が生まれる。本質はさまざまな自己識別に置き換えられる。子供は，どちらかの親であったり，経験したこと，あるいは自らについてのあらゆる考えと自己を同一視する。このような自己認識，経験，および思考は，性格として統合および構造化される。子供は，そして後に大人は，この構造がその真の自己であると信じる。(pp.1-2)

　アルマースはさらに，どのようにしてほとんどの大人が自分の人格や自我を自分と同一視し，精神的な自分，つまり本質（Essence）から切り離されるのかについて次のように説明している。

性格を持っていることは悪いことではない。あなたには性格を持っている必要がある。それなしでは生き残れない。しかし，あなたがその性格を本当にあなたであるとみなすなら，あなたは現実を歪めているのだ。性格は，過去の経験，思想，概念，自己認識で構成されている。あなたは，真の独自性，すなわち，本質（Essence）の喪失を補う個性とは違う，個人としての本質を発達させる可能性を持っているが，この可能性は通常，私たちが自我と呼んでいる，後天性のアイデンティティの感覚によって引き継がれる。

　私たちは自分の生活，対人関係，そして職業上の義務に巻き込まれるにつれて，私たちの真の内なる自己，私たちの本質と存在から解離する

ようになる。

本質への結びつきの回復に関するクライアントの叙述

　以下は私に宛てて書かれた，LI療法中のクライアントによる長い報告である。クライアントは30代半ばの非常に才能のある女性で，子供時代にネグレクト，言葉とモラル，性的な虐待を高機能アルコール依存症の両親から受けて辱められ，捨てられた。また，このクライアントは思春期にひどいレイプを受けた。彼女の報告（下記）で，彼女はLI記憶リストを通過した経験について説明しており，その中で先述の本質への結びつきの回復について明らかにしている。

　　視覚的に記憶リストを通過することは，いろいろな意味でとても効果的で助けになることがわかった。また，非常に興味深い面もあった。

　　治療中に起きたことで，驚いたことの一つは，私が自分の中にある「成功するためには失敗しなければならない」とか「失敗するか，失敗である場合にのみ成功する」というようなネガティブな認識を強要する部分を「前面に連れてきた」ときに，その部分が，大人になってからあったいくつかの人生最悪の時期は自分の責任であると誇らしげに主張したことである。私のこの部分は，私が4歳か5歳の頃に，成功するためには失敗する必要があると学んだのだ。「私たち」がこれらのつらいときをやり過ごせたときに経験した，誇らしく，自信に満ちて高揚した達成感は，とても強力で本当に素晴らしいものだった。

　　私が発見したもう一つの興味深い側面は，自分のトラウマを抱えたさまざまな部分たちはお互いを認識していたということだ。私の幼い部分の一つは，10代のときに凍りついている私の一部に気づいていた（4，5歳の自分は16歳の自分のことを知っていた）。その私の幼い部分は，私の精神

を守るというその「任務」において，自分が10代だったときの自分と同じくらい強力でうまくやったかどうかを知りたがっていた。その疑問が真摯であることもそうだが，同じくらいうまくやらなければいけないという要求の厳しさは非常に驚くべきものだ。自分と自分を競わせるかのように比較することを自分がするとは思っていなかった。この自己の部分は，10代と同等かそれ以上にすごくよくやったと安心させられた後になって初めて，10代の時期を越え，現在大人である自分と一緒になってくれた。

　視覚的に記憶リストを用いているうちに，何年も，何十年も経験していなかった楽しい感情が私に戻ってきた。私は心の底から湧き上がる喜びを信じたり，表現しないことを身につけてきたので，それらの感情を経験する能力を失っていた。LI療法は，これらの感情を完全なテクニカラーの強さで私に取り戻させたが，子供時代の強い感情を制御する大人の能力が今の私にはある。トラウマは私の「幸せな」感情の味覚を盗み，「厳しい」感情をそのまま残した。「苦々しさ」はまだ存在しているが，LI療法の体験により，徐々にその主要な位置を失っている。記憶リストを旅することで，純粋な「幸せな」味覚を再び感じられるようになった。

　また，幼い子供の視点から自分自身を見るのは本当に素晴らしいことだ。私は自分の若い自分に対する信頼に驚いている。大人になって，私は消防のボランティアになり，現在はプロの救急隊員であり，救急医療の学生をしている。記憶リストを旅するときに，驚かされるのは，私自身の若いトラウマを抱えた部分は，私が今何の仕事をしているのかを知っている（私が若い頃，救急医療の分野は存在していなかった）。「救急車の運転手」が彼らをそこ（過去）から連れ出しに来たことが，どうやって彼らにわかるのだろうか？　このトラウマを負い傷ついた子供の部分たちが私の手を熱心に握りしめて「私たちが今住んでいる場所」に喜んで一緒に来ると，謙虚な気持ちがわく。しかし，彼らの消防士や救急車の運転手への率直で無条件の畏敬の念は，私自身の能力や自信に対する信念をとても深いレベル

で驚くほど強めてくれた。彼らが装備や制服を着けた私を「見ている」ことは素晴らしいことだ。私には自分自身がそのようには見えていない。どうやって彼らは？

　10代の自分の部分に信頼を得るのがとても難しいときもあったが，生涯通して私の最大の強みとなる自分の最高の部分へアクセスすることもできるようになった。「私たち」が自分が10代の頃からの夢を実際に実現していることを発見した彼らの興奮は，私が記憶リストを行う前には経験したことがなかった素晴らしい達成感をもたらすだけではなく，彼らの熱意と喜びは，働いている私とともにあり，それは素晴らしくてかわいらしい。自分のこれらの部分が現在私と一緒にいるということは，なんという喜びであろうか。欠けているとは知らなかったものをどうやって足りなく感じることができるだろうか？　しかし，これらの欠落した切片を「返して」もらったという驚くべき充実感と完全性を感じることで，トラウマのために失われ，過去に凍結した他の部分を「寄せ集め」，記憶リストに沿って「移動させ」て，私（私たち）とともに統合された全体として将来へ連れていく決意が強まった。

ライフスパン統合中に自然に起こる活力の補填

　LI療法セラピストがタイムラインを十分に繰り返す時間をとると，トラウマが解消された後，自然にエネルギーの補填が起きる。重度のトラウマを抱えた人の場合では，活力の源となる記憶が表面化し始めるためには，6回以上の記憶リストの繰り返しが必要になる場合がある。記憶が神経内にどのように保持されているかということから，一般的には，感じられた危険に関連する記憶がまず表面化するであろう。対象としている問題に関連する肯定的なエネルギーとなる記憶は，「悪い」記憶が現れて統合された後にのみ表面化し，統合され始める。LI療法プロト

コールを繰り返す間，クライアントはまず，情報源記憶と同様の困難な状況やトラウマを経験したときのことをすべて思い出す。これらの不快な記憶は，私たちの神経プログラミングによる防御戦略の結果として最初に復旧される。LI 療法を正しく施術するには，情報源記憶が自然に出現するまでステップ３から７を繰り返す必要がある。

　ほとんどのクライアントにとって，肯定的な記憶は記憶リストの３回目の繰り返しの間に自然に表面化し始める。このように自然に浮かび上がる記憶は，以前の記憶の裏返しになるか，情報源記憶とどこか似ており，クライアントが優位でいる状況だったときの新しい記憶になる。精神は最初に同様の過去の経験の「注意喚起」のリストを提供し，その後でこの種のタイプの困難を解決するために，過去の状況で起きた「成功例」のリストを提供するようだ。現在の問題に関連する人生の出来事を繰り返し「見る」ことにより，クライアントは自分の強みがわかるようになる。クライアントはまた，LI 記憶リストを繰り返すことで，自分の期待や反応がどのような結果を招いたかについての視点と洞察を得る。

　LI 療法標準プロトコールのステップ１で，現在の問題に関連する体の感覚から始めるとき，クライアントがトラウマの記憶に着地する代わりに肯定的な記憶に到達することが時折ある。これは，クライアントの心身が，自らの知恵で，過去にあったが時間の経過とともに忘れられたり失われたりしていたような強みを統合する選択をしたことを示している。活力の源となるような過去の記憶を統合することは，クライアントを癒し，強化する。また，将来のセッションで，困難なトラウマの記憶に焦点を絞り解消することがクライアントにとって容易になる。これはめったに起こらないが，起こった場合，セラピストはプロトコールを続行し，必要に応じて肯定的な（活力となる）情報源記憶を統合するように適応させる必要がある。

LI 療法中に自然に起こる活力の補填の事例

　ボブは 50 歳の男性で，結婚以来 32 年間不幸であったと言う。彼は恋人のケイトと，付き合って数ヵ月で彼女が妊娠したときに結婚した。ボブは 18 歳の童貞だったときに初めてケイトとデートした。ケイトはすでに数年来性生活があり，過去に妊娠して堕胎していた。ケイトは，実際にはそうではなかったのに，避妊薬を服用しているとボブに言っていた。ボブは結婚と家族を大切にし，離婚を容認しない宗教的伝統の中で育った。ボブは，ケイトと自分は非常に違うバックグラウンドで，いつも異なる興味を持っていたと説明した。彼らの子供たちが成長した今，彼はケイトとは何の共通点もないと感じている。彼らは別々の生活を送り，感情的または性的な親密さはない。

　ボブの治療の目標は，自分自身への尊厳を取り戻すことだった。彼は，罠にかけられ，空虚で，不幸に感じていると語った。彼は自分を好きであったころや自分が好きだったことを覚えている。ボブは，今では自分自身から疎外されていると感じており，今日こうしている自分自身を尊敬できないと述べた。ボブは，ケイトとの関係が終わったことを心の中で知っていること，そしてケイトに自分の気持ちを正直に伝え，結婚を終わらせることができるようになりたいと言った。

◉ステップ 1

　ボブは自分がケイトと会話して，自分たちの関係について自分がどのように感じているかを正直に話し，結婚を終わらせたいと彼女に話すことを想像した。ボブは，この場面と会話を想像している間，何を体で感じているかわかっていた。胸と首の周りに緊張を感じたとボブは報告した。ボブはこれらの体の感覚に集中し続け，彼の心を空にするようにした。

◉情報源記憶

　ボブは感情をたどって，18 歳のときに海で溺れそうになった記憶ま
で遡った。彼はサーフボードの事故で背中を骨折し，水から出るのに苦
労したことを思い出した。記憶の中で，彼はウェットスーツを首の周り
で本当にきつく感じた。彼は，水から出て浜辺に出たときの気分がいか
に良かったかを思い出した。彼は肉体的な苦痛を感じていたが，生きて
いたし，自分自身を救ったのだ。ボブは次のように述べた。「なるほど。
結婚生活で私は溺れ死にしそうだ，それから抜け出して自分の命を救う
必要がある」。

　LI 療法標準プロトコールのステップ 1 が通常どおり使用されたこと
に注目してほしい。肯定的な情報源記憶を見つけることについての提案
はなかった。LI 療法が正しく行われると，クライアントの肯定的な思
考系統がどの記憶に戻るかを「決定」する。活力（リソース）となる記
憶に戻ることはまれだが，起こりうる。

◉ステップ 3 からステップ 5

　ボブは，背中を怪我し浜辺にいる 18 歳の自分を頭の中に思い浮かべ
た。ボブは，記憶の場面に戻ったときに，自分の体の感覚に気づいた。
次にボブは，現在の 50 歳の自分が浜辺の思い出の場面に入るのを想像
した。50 歳のボブは若いボブに自己紹介し，自分の命を救ってくれた
ことに感謝した。年上のボブは 18 歳の自分に，現在の状況で年下のボ
ブの助けを借りることができると告げた。年上のボブは，18 歳のボブ
が成長し，今では年上のボブの重要な一部になっていることを若い自分
に説明した。ボブは若い自分に，自分の人生のストーリーを見せて，今
では年上のボブの一部になったことを見せることを提案した。

◉ステップ6

セラピストは，19歳の記憶の手がかりから始まり，現在で終わる，記憶の手がかりのリストを通してボブを現在へ導いた。

◉ステップ7

最新（現在）の記憶の手がかりの映像や関連する感覚を覚えた後，ボブは18歳の自分を現在の家に連れて行くことを想像する。ボブは若い自分にこう言った。「ほら，君は私の一部だ。これが私たちが今住んでいる場所だ」。ボブは18歳の自分に，年上のボブと一緒に現在にとどまる気があるかどうか尋ねた。彼は，若いボブの力と自信が自分に必要だと説明した。ボブは，溺れかけそうな場面の過去に凍りついていなくて良いこと，なぜなら，彼は成長して大人の自分になり，自分自身の重要な一部として現在に生きていることを若い自分に説明した。年上のボブが若いボブとの会話を終えた後，彼は自分の若い自己が自分と融合することを想像した。

◉ステップ8

ボブは溺れかけた経験を思い出し，自分の体の中で気づいたことに注意を払った。ボブは安心感を感じたと報告した。

◉ステップ9

ボブはケイトと正直な会話をする場を想像した。ボブは，自分が言うつもりの内容に対するケイトの返答や反応を目の当たりにするのは苦しいと思うが，自分が言うべきことを落ち着いて言える準備ができていると報告した。

　上記の事例は，LI療法プロトコールを使用して，若い自我状態に保

持されていた強みと活力にアクセスし，それを統合する方法を示している。この方法でアクセスおよび統合された潜在能力は，自己システム全体で引き続き利用できる。

第 11 章

ライフスパン統合療法の特殊な使用

ライフスパン統合療法（LI 療法）による PTSD の治療

　心的外傷後ストレス（post traumatic stress）とは，外傷の危険がま
だ差し迫っていると身体が「信じる」ときに生じる状態である。フラッ
シュバックや他の PTSD 症状がある場合，その人の体は依然としてト
ラウマとなるような出来事が再発する可能性に警戒している。

　LI 療法 PTSD プロトコールは，クライアントの心身のシステムに対
し，もうトラウマが終わったことを納得させるのに非常に効果的である。
LI 療法 PTSD プロトコールは，単に LI 記憶リストを適応させたもので
ある。身体が「自分」がもはやトラウマとなった状況に閉じ込められて
いないことを理解し始めると，呼吸が深まり，身体の解放と弛緩の他の
兆候が明らかになる。セラピストは，LI 療法 PTSD 記憶リストの繰り
返しの間，クライアントの体を注意深く観察する。セラピストは記憶の
手がかりを読みながら，クライアントの体がいつ速く動くか，いつゆっ
くりになるかを見ることができる。クライアントは，関連する神経細胞
がわずかに活性化されるのに十分なだけの間，各々の記憶の場面を再体
験する必要がある。外傷を取り除き，治癒するために，人は外傷のあら
ゆる部位に触れなければならない。他の LI 療法プロトコールと同様に，
良い結果を得るには，記憶の手がかりを通してクライアントを導く間，

セラピストがクライアントに対して情緒的に調律できていなければならない。クライアントがトラウマのいずれかの部分に長くとどまりすぎると，再トラウマ化につながる活性化が多くなりすぎるリスクがある。後に続く記憶の手がかりが，記憶の中の視覚的なトラウマの「物語」に沿ってクライアントを導く。クライアントが一つの手がかりから次の手がかりに次々に移動しながらトラウマの「再生」を続行する限りは，続く手がかりがさらに悪い出来事であるかどうかは問題ではない。

　LI 療法 PTSD プロトコールの想起手がかりのリストは，トラウマとなった記憶を多岐にわたって網羅し，それからトラウマ後の数日と数週間をゆっくりとカバーした後，月ごとに現在に至るまでの期間を含める。トラウマが数年前に発生した場合は，LI 記憶リストを調整して，トラウマとなった期間のすべての段階を網羅し，最初の1か月または2か月後は日ごと，週ごと，最初の年は月ごと，次の1，2年間は季節ごと，その後は年ごとに現在まで含める。想起手がかりは，トラウマの直前（たとえば，がんの診断の前日，または自動車事故の前の瞬間）に開始しても，トラウマの最初の瞬間に開始しても良い。

　この作業を開始する前に，セラピストはセッションの時間を十分に確保しておく必要がある。トラウマの詳細を書き留める時間を始めにとり，残りの時間で PTSD の想起手がかりを時系列に現在まで繰り返していくための，全部の作業に十分な時間が必要である。トラウマ的な出来事が数年前に発生した場合，この PTSD についての作業を行う前に，クライアントの過去全体にわたる記憶のリストをまず完成させ，ファイルに準備しておく必要がある。

　まず，セラピストはクライアントに，トラウマのあったときのことで覚えていることを話すように依頼する。セラピストは，「それから，何が起こりましたか」，「そして次には何が起こりましたか」と繰り返し尋ねることによって，話を続けていく。クライアントがトラウマとなった

出来事の話を続ける間，素早くメモを取る。セラピストは，そのトラウマの出来事の後，数日，数週間，数か月の間に何が起こったのかを尋ね続ける。クライアントの記憶は大雑把かもしれない。クライアントにトラウマとなった出来事，その後数週間後から数か月後のことまで順々に話し続けさせる。

　トラウマの詳細をこのような方法で通過していくことで，クライアントのトラウマに関連する記憶と感情が活性化される。PTSD の想起手がかりが作成されている間でも，セラピストは，感情が溢れすぎることを回避するため，クライアントを現在に向かって時系列に移動し続ける必要がある。したがって，想起手がかりを書き上げることは，LI 療法 PTSD プロトコールの記憶リストの最初の繰り返しとなる。トラウマが数年前に発生した場合，セラピストは，繰り返しごとにトラウマとなった出来事を網羅する詳細な PTSD の想起手がかりを読み，その出来事の終了から現在に至るまで，毎年 1 つの想起手がかりがある通常の手がかりリストにそのまま移動する。

　詳細なことを手がかりとしてリストに加える必要はない。想起手がかりが多すぎると，十分な繰り返しを行うことができなくなる。反対に，手がかりが十分にないと，セラピストはクライアントをトラウマの「映像」の重要な各場面に導いて通過させることができない。手がかりは，クライアントがその出来事を記憶リストを通して繰り返し経験している間に，頭の中ではるかに詳しいことが想起されることを可能にする。

　PTSD の想起手がかりが繰り返されるたびに，クライアントの心にトラウマに関連する映像や感情が呼び起されるにつれて，トラウマの詳細と新しい記憶が浮かび上がる。短い休憩のたびに，クライアントはこの拡張について簡単にセラピストに報告する。セラピストは，重要な新しい記憶を想起手がかりのリストに追加し，次の繰り返しでそれらを組み込む。ただし，新しい詳細を全部追加していく必要はない。

　セラピストは，十かそれ以上の想起手がかりを読む必要があるだろう。トラウマ的な出来事が終わったとクライアントの体が確信するまでは，話す必要はない。これは LI 療法標準プロトコールと違う。クライアントがトラウマ時に子供でなかった場合を除いて，現在の（大人の）自己をトラウマの場面に登場させる必要はない。安らかな場所に行く必要もない。LI 療法 PTSD プロトコールは，ステップ 6 を何度も繰り返し，繰り返しの間に非常に短い休憩をとるようなものである。

　セラピストは，最初の数回の繰り返しで手がかりを非常に早いピッチで読み，手がかりと続く手がかりの間の時間を徐々に増やしていく。最後の繰り返しで，クライアントは感情的な反応を起こすことなく，トラウマとなった出来事の内部の「映像」を見ることができるはずである。トラウマの想起手がかりを読みながら，セラピストはクライアントに感情の兆候がないか注意深く観察する必要がある。クライアントが情緒的に不安定になる場合には，セラピストは手がかりをより速く移動する必要がある。セラピストがすべての手がかりをゆっくりと読む間，クライアントの意識は現在にとどまったままで，身体的苦痛を経験することなくトラウマの時期の「映画」を見ていることができれば，トラウマは完全に消滅する。ほとんどのトラウマは，1 回の長い LI セッション（1.5 時間）内で簡単に解消させることができる。トラウマがはっきりしていると，トラウマの影響（事故などによる怪我）がクライアントに現在も残っている場合でも，クライアントは遠くからトラウマを「見る」ことができる。

　【注意】複数のトラウマが短い時間内に続いて発生していた場合，一度に 1 つずつトラウマを解消する。

　トラウマの記憶は，心身にある個別のネットワークの中に符号化されている。比較的短い時間枠内で別々のトラウマを多数経験したクライア

ントもいる。セラピストがトラウマを分けて個別に解消すると，より良好な結果が得られる。通常，現在に近いトラウマを最初に解消するのが最適である。直近のトラウマの想起手がかりは，過去のトラウマをすべて経験することなく，クライアントを別々のトラウマから現在まで導く。

> **【注意】** トラウマを解除するときは，1 セッション内で，PTSD の想起手がかりを必要なだけ繰り返す必要がある。

　LI 療法 PTSD プロトコールを使用するセラピストが犯す最も一般的な間違いは，あまりにも多くの手がかりを使用したり話しすぎるために，繰り返しが少なくなりすぎることだ。セラピストが最適な繰り返し回数を完了する前に時間がなくなった場合，クライアントが得る結果は，トラウマの解消ではなく，身体記憶の活性化にとどまってしまう。トラウマ記憶の繰り返しは，セッション間で累積されるものではない。トラウマの想起手がかりを 3 週間続けて 5 回繰り返すと，トラウマの記憶が完全に解消されることなく繰り返し心身が活性化する。これにより，トラウマに関連する神経網が強化され，解除がより困難になる。経験の浅いセラピストは，PTSD の想起手がかりを適切に繰り返すための十分な時間を確保するために 2 時間以上を計画する必要がある。

うつ病と不安症のための LI 療法

　慢性的なうつ病を呈するクライアントは，ネグレクト，放棄，または重要な愛着対象の喪失を，多くの場合，子供時代に経験している。これらのクライアントにとっての中心的な問題は，孤独，空虚さ，愛されていない，または愛されるべきではないという気持ちである。さらに，抑うつ状態のクライアントには，幼少期のネグレクトや放棄されたことを恥じていることがよくある。慢性的に不安な，またはうつ状態のクライ

アントは，出生時のトラウマ，早期のネグレクト，またはその両方を経験している可能性がある。クライアントの生育歴に，生後2年間のいずれかの時点で，ネグレクト，トラウマ，または母親との深刻な別離がある場合，セラピストは，LI療法情動調律プロトコールを用い，その後該当する発達段階初期の愛着を修復するべきである。

　うつ状態のクライアントにはしばしば，「愛を求めている」飢えた子供の自我状態にある。これらのクライアントは，幼少期の愛着のニーズを満たすために，恋愛関係において悪い選択をすることがよくある。発達初期の必要を満たすことを期待して開始された関係は，関係が新しい段階に進むにつれて両方のパートナーが成長し成熟することができない限り，失敗する運命にある。不安定型愛着スタイルがクライアントの関係の失敗の根本にある場合は，生まれたばかりの自己を表す人形をセラピストが抱いて行うLI情動調律プロトコールのセッションを多く行うことが最も効果的である。

　一方，うつ病，または不安症のクライアントが安定型愛着スタイルと考えられて，そのことが過去の愛着関係に反映されているのであれば，そのクライアントは，ある時点で主要な愛着関係において重大な喪失があった可能性がある。子供の頃に安定型愛着スタイルを持っていた人が後年にうつになる場合，愛着が確立された後の子供時代において，重大な喪失があった可能性がある。現在に近い出来事で，過去の喪失が想起され活性化されたのかもしれない。

　うつ病，または不安症のクライアントの治療にあたるとき，セラピストは，クライアントのうつ病が愛着対象の喪失によるものなのか，それとも愛着スタイル形成の段階で起きた剥奪やトラウマによるものなのかを判断する必要がある。うつを患う安定型愛着のクライアントは，多くの場合，さまざまなLI標準プロトコールの使用により迅速に回復できる。

　幼少期の愛着における必要が満たされているケースでのうつの対処に

おいては，問題がいつ始まったかによって判断する。家族が新しい町に
引っ越して母親が仕事に行き始めるまでは子供は安心していたかもしれ
ない。このような場合，セラピストはクライアントに，新しい町で一人
で孤独であったころの記憶を選ぶように依頼する。記憶に残る特定の日
ではなく，一般的な記憶で治療をすることができる。これを「情報源」
記憶として使用する。

　クライアントに，記憶内の子供の自己になることから始めてもらう。
クライアントは，自分の体で感覚がある部位を指し示す（ステップ3）。
うつ状態のクライアントはやや無感覚だが，ある程度の感覚を感じるこ
とができるようになるはずである。クライアントに，大人の自己が子供
の自己とつながるために記憶の場面に入るのを想像するように指導する。

　【重要】この時点で，セラピストは大人のクライアントに対して子供
　　　　　の自分についてどう感じているかを尋ねる。しっかりと内面
　　　　　が一貫しているクライアントは，自分の子供への思いやりと
　　　　　愛を感じるであろう。クライアントが子供の自己に対して肯
　　　　　定的な気持ちを感じることができない場合は，そのクライア
　　　　　ントはLI標準プロトコールの治療を受ける準備ができていな
　　　　　い。代わりに，LI構造構築プロトコールを使用して，クライ
　　　　　アントの中核的自己を強化する。

　若い自分を肯定的にとらえているクライアントの場合は，LI標準プ
ロトコールで治療を続行する。安らかな場所で，セラピストは会話と介
入の仕方を指導する。セラピストはクライアントに次のように指導する。
たとえば，「お母さんがしょっちゅう留守で独りぼっちだったことをと
てもかわいそうだったと思っているとその子に伝えてください。それか
ら，それは今となっては昔のことで，今ではあなたがいつも一緒にいる
ので，その子はもう一人ではないと教えてあげてください」。セラピス

トは，大人の自己が子供の自己をどのように思っているかを表現し，はっきりと伝えるように大人の自己を指導する。やりとりは，愛着対象との関係が幼少期に失われたときに子供が自分一人でした解釈を裏返すような，自己についての情報と出来事をその子供に与えるようにする。指導される言葉や行動は，子供の年齢に応じて，幼少期の愛着関係の失敗から生じたと思われるあらゆる恥の気持ちに対抗するように用意する。

　指導と想像の中でのやりとりのために1分ほどかけた後に，セラピストは，情報源記憶の年齢の直後の記憶の手がかりから始めて，クライアントを時間をかけて導く。想像上のやりとりの中に生まれる，子供の自己の気持ちの肯定的な変化は，タイムラインが十分に繰り返された場合にのみ，クライアントの自己システムに統合される。大人のクライアントが現在の時間に子供の自己を自分の家に連れて行くことを想像するとき（ステップ7），休憩の前により多くのやりとりを指導することができる。短い休憩の後，上記で変更したように，LI標準プロトコールのステップ3からステップ7を繰り返す。繰り返しの終わりのたびに必要に応じて短い休憩を取る。3回から5回の繰り返しで十分である。ステップ3からステップ7を最後に繰り返した後，必要に応じて，子供の自我状態を大人に統合することができる。

　【注意】子供の自我状態を嫌う「大人」の自己は，核となる自己ではなく，全体の自己の中にある別の部分または断片である。中核的自己は欠けるところがなく，自己のすべての部分を愛する。クライアントに強固な中核的自己がない場合，愛着の喪失を修復したり，LI標準プロトコールを使用して自己システム内に関係を作成したりすることはできない。

出生時のトラウマまたは早期分離による不安

　全般性不安症は，多くの場合，出生時のトラウマおよび母親からの早期の別離に関係している。早産のために保育器に入れられていたほとんどの人は，全般性不安症を経験する。この人たちはいつもそれを感じていたので，このレベルの不安は「普通」だと感じる。不安症のクライアントの治療にあたるとき，セラピストは最初に出生時のトラウマ，母親からの早期の別離，および生後2年間（顕在記憶が符号化される前）のトラウマまたはネグレクトについて把握する必要がある。養子になったクライアントは，たとえ出生時に養子になったとしても，生母からの別離を経験している。上記の要因のいずれかが当てはまる場合は，LI 構造構築プロトコールから始める。その後に，LI 出生プロトコールを使用して，出生時のトラウマを取り除くことができる。また，前言語期の愛着修復プロトコールを使用し，発達時のさまざまな段階で発生した可能性のある愛着関係のパターンにおける欠陥を修復できる。

幼少期に過度の責任が課されたことによる不安

　別のタイプの不安は，子供時代にネグレクトまたは過度な責任，あるいはその両方を経験したクライアントに発生する。これらの人々は，大人になってからストレスを感じると，子供時代にストレス要因に対処するために発達した同じ神経網を使って責任を果たそうと退行する。これが起きているとき，彼らは自分の大人としての能力を完全に発揮することができないため，しばしば困惑し，能力不足に感じたり，不安感を持つ。LI 標準プロトコールは，大人のクライアントの中にいる過度に責任感の強い子供の自我状態を有能な大人の自己に結びつける。これにより，ストレスがかかっている場合でも，クライアントが経験する不安の

レベルが大幅に減少する。

　小さかった頃や10代の頃に過度の責任を感じて困惑したときの思い出を選ぶようにクライアントに依頼する。選択した記憶の場面に子供の自己が一人でいるのを想像するところからLI標準プロトコールを開始する（ステップ3）。大人のクライアントは想像の中で記憶の場面に入り，若い自分を安らかな場所に連れて行く。ステップ5では，セラピストはクライアントに，すべての責任を負うのは大人で，例えば請求書を支払うなど，今はもうその子は遊んで日々を楽しく過ごして良いことを小さい自分に伝えるように指導する必要がある。目的は，現在の人生の課題と責任をクライアントの大人の自己に移し，不安な子供の自己を解放することだ。子供の自己は，最初のうちは責任を大人に任せるのに気が進まないかもしれない。それでも，繰り返し続ける。子供の自己が時間が経過したことを理解し始めると，信頼度は変わるはずである。安らかな場所（ステップ5）とステップ7の家で，セラピストは大人のクライアントに，子供の自己が大切にされ，愛され，世話をされ，保護されていると感じるのに役立つ方法で子供と対話するように指導する。このLIプロトコールのバリエーションを，クライアントの過去の経験に応じて，過度の負担があった子供時代のいくつかの年齢と段階で行っても良い。

抑圧された怒りによる不安とパニック発作

　不安やパニック発作は，根底にある怒りが爆発するかもしれないという無意識の恐怖が原因である場合がある。この種の不安は，虐待的な状況で生活または仕事をしている人々がしばしば経験する。彼らはその状況に閉じ込められていると感じ，自分が依存している相手に対して当然で適切な怒りを表現できない。虐待的な親，パートナー，または上司に依存している場合，その人は怒りの表現である自然な衝動を抑制しなけ

ればならない。怒りを抑え続けるには莫大なエネルギーが必要であり，しばしば不安やパニック発作を引き起こす。多くの場合，現在の状況は過去の同様の状況に関連している。クライアントが恐怖や無力感，身体的感覚にとらわれている場合，同じ恐怖や無力感を感じていた子供の頃の記憶を思い出している可能性がある。この過去の記憶の中で子供の自己に代わって怒りを表現するように大人のクライアントを指導することは，クライアントの自己システムから怒りを解放し，それによって，不安とパニック発作を終わらせる。過去の虐待に対処し，過去の出来事についての怒りを解放することは，自分には現在の虐待的な状況に対処する力があるとクライアントが感じるのに役立つ。

前言語期トラウマ

　クライアントが生後最初の 2 年間の間にトラウマまたはネグレクトを経験した場合，身体の記憶はあるが，起きたことの顕在記憶は通常はない。乳児やとても幼い子供の大脳皮質は，顕在記憶を符号化するほどまだ十分に統合されていない。代わりに，経験，感情，および映像は潜在記憶に符号化されている。潜在記憶が「思い出される」と，クライアントは感情状態を「想起」し，体の感覚を報告する。クライアントが自分の幼い自己が一人でおびえている，または大きくて怖いものから逃げようとしているという感覚を持っていることも時にはある。初期の虐待が身体的または性的であった場合，身体的な記憶がしばしば存在し，トラウマの性質についての手がかりになる。

　トラウマが乳児期まで遡る場合，クライアントは，断片的な感情や，腕や脚に広がる落ち着きのなさなど，身体全体に広がる感情を報告することがある。早産だったために保育器で出生後数日間を過ごしたクライアントは，体全体で全般性不安を感じたり，砕けたりバラバラになって

しまったような感覚を説明する。乳児期に保育器にいたクライアントは，管と機械のようなロボットを備えた巨大な「冷蔵庫」の悪夢を繰り返し見たりする。

　幼少期のトラウマの潜在（身体）記憶を想起すると，多くの場合，クライアントは感情的に昂ぶり，セラピストに口頭でフィードバックをすることができなくなる。LI療法は，起きたことを明確に記憶していなくても，初期のトラウマを解決し，トラウマに関連する解離した感情状態を統合するために使用できる。ただし，クライアントが再びトラウマを受けずにこの作業を成功させるためには，LI療法セラピストは，クライアントに深く情緒的に同調し続けることができなければならない。このデリケートな作業を試みる前に，セラピストはトラウマの少ないクライアントでLI療法施術の経験を積んでおり，高度な（レベル2および3）ライフスパン統合トレーニングを受講している必要がある。

LI療法による思春期の青少年や子供の治療

　LI療法は，10代の若者や20代の大人にとても効果的である。理由は以下の通りである。

1）青少年の神経系は大人よりも可塑性がある。
2）大人ほど多くの防御の層を構築していない。
3）思春期の青少年は活発に想像することを好み，セラピストによって助けられるよりも自分自身が自分の中の子供を助けているという考えを好む。

　10代以下の子供の治療のときは，記憶の手がかりを拡大して，毎年より多くの記憶を含める必要がある。これにより，子供は記憶の手がか

りの間に大きな飛躍をすることなく，時間の経過を見ることができる。
1 年に 3 つまたは 4 つの時系列の手がかりを使用する。

　7 歳以下の幼児の治療では，実際の親または養育者をセッションに参
加させる。親の存在は，子供が安全であると感じ，仕事に対してより感
情的にオープンになることを可能にする。親はまた，子供が記憶の手が
かりのリストを作成するのを手伝う。

　LI 療法は，思春期の子供が離婚，トラウマ，またはその他の早期喪
失の影響から治癒するのを助けるために使用することができる。早期喪
失の結果として子供が経験する感情的および心理的損傷の一部は，喪
失時の出来事の子供の解釈の仕方によって引き起こされる。LI 療法は，
12 歳の子供が孤独でおびえている 4 歳の自己を助けに行くために使用
することができる。セラピストに指導されながら，12 歳のクライアン
トは 4 歳の自分に，離婚や死，過去のトラウマはその子のせいではなく，
その子は大切で愛らしいということを説明することができる。続いて映
像のタイムラインを通過することで，トラウマを抱えた 4 歳の子供の自
己を，現在の 12 歳の自己に結びつける。4 歳児の指導された心の中の
会話は，LI 記憶リストによる統合とともに，幼いときにした解釈から
12 歳児を解放し，現在の状況とは関係のない恐れや防御行動から自由
にすることができる。

養子に対する LI 療法の施術

　養子縁組された子供たちの過去には知られていないことがしばしばあ
る。これらの子供たちは，愛着障害の他にも，幼少期の経験に関連する
心理的あるいは行動上の問題を抱えている可能性がある。ほとんどの養
子縁組の子供たちは，養子縁組の状況がどれほど理想的であっても，そ
の後の人生で，実の両親に捨てられたことについて疑問や感情を抱くこ

とがある。LI 療法は，多くの場合，既知または未知の初期のトラウマ
と早期の愛着の欠陥を解決するために効果的に使用できる。

　養親と養子と協力して，記憶の手がかりリストを作成する。手がかり
には，子供が養親と一緒に暮らすようになった経緯など，子供の誕生と
幼少期について入手可能なできるだけ多くの事実情報を組み込む必要が
ある。毎年２つか３つの記憶の手がかりを使用する。子供の最も早い記
憶（その子が実際に覚えている最初の記憶）を含めて，年に２つか３つ
の記憶を現在まで続けて加える。

　子供に，その子の赤ちゃんの自己に何が起こったのか，どのようにそ
の後成長したのかを理解する必要があることを伝える。赤ちゃんにどの
ように育ったかを見せるために手伝ってほしいと子供に頼む。手伝い方
としては，成長していく様子の写真を心の中で見ること，そうすると赤
ちゃんの自己もそれらを見るということを教える。次に，子供に自分が
生まれるときのことを想像させ，続いて発達段階初期のそれぞれの段階
での自己を想像するように頼む。可能であれば，子供の生育歴から既知
のイベントを追加する。たとえば，子供が生後８か月で里親に預けられ
た場合，これをはいはいの段階の手がかりに追加する。子供に注意しな
がらすべての手がかりを読んでいく。これを２回以上繰り返す。子供の
年齢によっては，セッション中，子供が自分の人生の物語を赤ちゃんの
自己に「見せる」間，養親が子供を抱っこすることもある。

高齢者の場合

　高齢者に LI 療法を使用する場合，十分な時間をとることが重要である。
会話が最小限に抑えられれば，90 分のセッションは一般的に１つのト
ラウマの記憶をクリアするのに十分な時間だ。年配の大人は，より多く
の年と，より多くの思い出を整理する必要がある。一般に，古い心は若

い心よりも可塑性が低いため，高齢のクライアントは，情報源記憶を解消するためにプロトコールをより多く繰り返す必要があるように思われる。年配のクライアントでは，過去のトラウマを取り除くときに，毎年の記憶の手がかりを読む必要はない。LI 療法でトラウマを解消するときは，クライアントの過去の毎年に触れるよりも，プロトコールを十分に繰り返すことが重要である。セラピストは，20 歳または 30 歳まで毎年 1 つの手がかりを読む。その後，2 年ごとに 1 つの手がかり，または 3 年ごとに 1 つの手がかりを読むので十分である。年を省く場合は，奇数年を使用してから偶数年を使用するか，2 年間隔か 3 年間隔を交互に使用する。年を省くときは，たとえより多くの手がかりを読むことになっても，重要な出来事は省略しないようにする。高齢のクライアントの治療で，トラウマを解消するのではなく，（中核的自己の修復のため）構造を構築する場合には，LI 情動調律プロトコールを 3 回繰り返すのに十分な時間が必要になる。構造を構築するときは，毎年の手がかりを読むのが最善である。会話が最小限に抑えられれば，通常，情動調律プロトコールの 3 回の繰り返しには 90 分で十分である。

第 **12** 章

ライフスパン統合療法の
プロセスにおける一般的な障害

クライアントが記憶映像を正しく想起していない場合

　クライアントが時系列に並べられた自分の人生の映像を繰り返し「見る」ことは，神経統合の鍵である。ライフスパン統合療法（LI療法）の目標は，神経網が相互に新しい接続を確立するように促し，最終的には空間と時間にわたるより流動的な自己の地図を作成することだ。このプロセスが流動的になるためには，クライアントが記憶を自然に表面化させることができる必要がある。時間と空間を超えて流動的に自分自身を見る能力，すなわち想起意識（autonoetic consciousness）は，安全な愛着や神経統合と高い相関関係がある。

　記憶映像をひとつひとつ「見る」ための正しい方法は1つではない。各記憶の手がかりは，クライアントを特定の記憶場面に引き戻す必要がある。体感覚を持ってその場にしっかりと存在していられるクライアントでは，さらに右脳半球にアクセスしやすくなる。これらのクライアントは，特定の手がかりが繰り返されるたびに，記憶の拡大を「見て」感じる。拡張は，特定の手がかりに何らかの形で関連する。記憶の手がかりに関する詳細が記憶されるか，クライアントに何らかの形で関連する別のイベントが通知される。不特定の無関係な新しい記憶が入って飛び回るのは，統合を示すものではない。神経統合は，クライアントがすべ

ての感覚を通して記憶場面を「見て」感じられるときに最高の状態で機能する。身体とのつながりが深いクライアントは，当時の，匂い，音，身体的，触覚的な感覚の記憶を体験する。最良の手がかりは，感覚の詳細に富んだ記憶をクライアントに思い起こさせる。

　通常，映像を「見る」だけでは不十分だ。非常に解離性のあるクライアントは，記憶映像を表示するのが得意だが，通常，繰り返しから繰り返しへの拡張はあまり得ることができない。記憶の拡大には労力はいらないはずだ。記憶の想起が良好なほとんどのクライアントは，リラックスして，映像，匂い，感情，洞察を自然に意識することができる。

　クライアントに，自分が記憶している，または記憶の中にいるという感覚があることを確認する。言い換えれば，実際の記憶の場面の中にいて「見ている」ことと，実際にそこにいたことは思い出さずに写真のようなイメージを心の中で見ていることを区別する。クライアントに自然に映像が見えている場合，プロトコールを繰り返すたびに映像がより豊かになり，変化が大きくなる。より多くの詳細が思い浮かび，その後の各繰り返しの間に全体的に記憶がより肯定的になる。

　解離性のクライアントや記憶に空白があるクライアントに治療を施すとき，セラピストは，体感が刺激される可能性が最も高い手がかりを1年ごとに読む必要がある。神経拡張を促進するために，セラピストはその後の繰り返しで同じ記憶の手がかりを読み続ける必要がある。

　クライアントの記憶想起が良好で，それでも自然に映像が得られない場合は，そのクライアントはおそらく左脳プロセスを使用して，学校の各学年にどの教師がいたか，どこで働いたかなど，記憶した出来事を「思い出し」ている。一部のクライアントは，記憶映像が表示されると，それらをスクリーニングまたは検閲するように努める。彼らは，子供の自己に悪い場面を見せたくない，または思い出が平凡すぎるように見え，代わりに重要な出来事の思い出を探していたと報告するかもしれ

ない。クライアントが自分の映像を検閲している場合，そのクライアントは左脳のプロセスを使用しており，統合は最小限に抑えられる。良い，悪い，中立のいずれの記憶も前面に出せるようになれば，セラピーからより良い結果が得られることをクライアントに説明する。

　クライアントが出現する映像や記憶について報告し，プロセスを中断する場合，プロセスは流動的ではなく，統合が少なくなる。さらに，他の記憶の場面について話し合うことによって，クライアントがこれらの記憶に関連する感情的なネットワークを活性化するリスクがある。セラピストは記憶の手がかりを読み続けるべきであり，中断しないほうがはるかに効果があることをクライアントに説明する必要がある。休憩時間に，セラピストはクライアントに何が起こったのかを簡単にメモしても良いが，クライアントがプロトコールを十分に繰り返すまで，話し合いを最小限に抑えるように努力する必要がある。

クライアントが話しすぎてプロセスを中断する

　LI 療法のセッション中に，クライアントのために現れる心理的な情報資料はしばしば非常に興味深いものだ。クライアントとセラピストの両方が，簡単に新しい記憶や洞察に気を奪われてしまう。過度の会話は，次の理由でライフスパン統合のプロセスを狂わせることに注意しなければいけない。

　　・話すことで，クライアントは認知と言語（左脳半球）に偏り，神
　　　経統合が起こるために必要な感情やイメージ（右脳）から離れる。
　　・1 つの映像にとどまり話すことによって映像の流れを壊す。
　　・話すことは時間を使い果たし，割り当てられた時間内に必要な回
　　　数の繰り返しを完了するのが難しくなる。

・新しい記憶について話すことは，記憶の性質に応じて，他の神経ネットワークおよび関連する感情的および身体的記憶を活性化する可能性がある。

　クライアントが会話によりプロセスを中断する理由はいくつか考えられる。非常に多くの場合，クライアントは，話すことがカウンセリングのすべてであると考えるように事前に条件づけられている。セラピストがLI療法セッション中にクライアントに起こっていることの詳細のすべてを知る必要がない理由は，クライアントにとって理解し難い。一部のクライアントは，不快な感情から自分自身を遠ざける手段として話す。また，まだリラックスしてプロセスを信頼することができなかったり，会話することでセッションをリードするクライアントもいる。不必要な会話を制限するのはセラピストの役割である。

　LI療法プロトコールをよく理解し，効果を得たクライアントは，一般的に，会話を最小限に抑え，必要なフィードバックのみを提供することにとても優れている。セラピストは，各セッションの開始時に，セッションを対話またはLI療法のどちらに使いたいかをクライアントに尋ねる必要がある。LI療法の利点を経験したクライアントは，多くの場合LI療法を選択する。LI療法を選択するクライアントは，通常，会話を制限することに満足する。

セラピストが話しすぎてプロセスを中断する場合

　分析的なアプローチのために訓練されたセラピストの多くにとって，LI療法を使う上で最も難しいことは，プロセスを信頼することを学ぶことだ。このためには，セラピストが以前に学んだことの多くを無視する必要がある。セラピストがクライアントの問題を正しく分析できたと

しても，LI 療法を治療法として使用する場合，分析は不要になる。

　セラピストまたはクライアントのどちらかが話すことに時間をかけすぎると，LI 記憶リストを十分に繰り返すために必要な時間がなくなる可能性がある。記憶リストの繰り返しは，神経統合が発生し，治癒の大部分が発生する段階である。セラピストが自己の内部でする会話を指導するときに話しすぎると，子供の自我状態はセラピストと大人の自己の両方を無視するようになる。自己内の会話で必要な情報が簡潔に伝えられることは，子供の自我状態にとってより有益である。節約された時間は，大人のクライアントとその子供の自己との間の指導された想像上の遊びのために，または記憶と映像の記憶リストの追加の繰り返しのために使うことができる。

大人の自己が記憶場面に入ることが難しい

　LI 療法を使って過去のトラウマ的な出来事を解消するとき，一部のクライアントは，ステップ 3 で大人自身が記憶場面に入ることがなかなか想像できない。この問題が発生するのは，通常，大人のクライアントが自身を記憶場面の子供の自我状態と同一視しすぎているためで，自らの大人としての強さや能力から切り離されているためだ。言い換えれば，場面に入っていくことのできる大人の自己が不在なのだ。ステップ 3 で，大人のクライアントが記憶場面に入ることができないと報告した場合は，対象となる記憶の年齢から現在までの記憶の手がかりを読み始める。これにより，クライアントは現在の大人の自己と再接続される。記憶リストを 2 回通過する必要がある場合がある。

　大人の自己は完全に存在するが，子供時代のトラウマの場面に一人で入っていくことに困惑していると感じていることもある。そのようなときは，クライアントに役立つと思われる潜在的な能力資源を想像して使

うようにクライアントを指導すると良い。クライアントは，警察官，ソーシャルワーカー，または弟や妹のベビーシッターを連れてくることを想像することがある。また，想像上の友人やパートナーを連れてくることを選ぶこともある。想像上の人物や精神的な指導者，天使，または他の宗教的な人物を選んで助けを得ることもできる。

自己の分割された「部分」による妨害

　通常は協力的なクライアントがLI療法セッション中，注意散漫で進行の邪魔をしようとしているように見える場合には，統合されていくことを恐れている自己の部分によって，クライアントの中核的自己が一時的に乗っ取られている可能性がある。多くの場合，クライアントの依存症の部分が，自己システムのコントロールを乗っ取ることがだんだん困難になっていることに「気づき」，この部分がLI療法のプロセスに干渉し始める。自己の部分は，自己システムの脆弱な実行機能が「オフライン」である場合にのみ機能する。

　クライアントに自己システムを定期的にハイジャックできるほどに強力な分割部分がある場合は，LI構造構築プロトコールのセッションが最も効果的である。自己の存在が増すに従って，解離状態は自己システムを「乗っ取る」能力を失う。

クライアントがステップ6，LIタイムライン通過中に解離する場合

　解離性があるクライアントは，記憶の手がかりを通して導かれているときに，自分の考えの中に漂流する傾向がある。神経統合は，クライアントが記憶映像を思い出し（見たり感じたりする），クライアントが自分の体の感覚にとどまっている状態において起こる。解離性のあるクラ

イアントは，自分の考えやファンタジーの世界で，体の感覚から切り離されて生活することに慣れていることがよくある。LI 療法は，身体や感情へのつながりを強める効果がある。これが起きると，これらのクライアントは，無意識のうちに不快でなじみのない感覚から身を守ろうとする。解離には，以下のような方法を使ってある程度は対処することができる。

1）セラピストはクライアントとの活発なつながりを維持し，タイムライン全体を通してクライアントと情緒的な同調を維持する。セラピストが自分自身眠気に抵抗していると気づく場合には，クライアントは解離している可能性がある。
2）手がかりの記憶が「見え」たらクライアントはセラピストに合図させる。合図しないとき，セラピストはクライアントに確認し，「あなたはその映像を得ましたか」と尋ねる。
3）目を閉じたときにクライアントの意識がぼんやりしているように見える場合は，目を開いた状態または半分開いた状態でプロセスを続行する。
4）解離性のクライアントは，強い香りのあるものを持って，定期的に匂いを嗅ぐ必要がある。
5）クライアントの呼吸を観察する。必要に応じて，クライアントに深呼吸することを促す。

セラピストが LI 療法を必要としている場合

　セラピストのその場における安定した存在感は LI 療法の非常に重要な要素だ。セラピストの穏やかな存在は，その子が包まれて安心していられるために必要なエネルギーを子供の自我状態に伝える。LI 情動調

律プロトコールを使用する場合，セラピストのクライアントやその赤ちゃんの自己との能動的なつながりは，初期の発達や愛着の時期の親と子の間の理想的な共鳴と情緒の同調に似ている。

　首尾一貫し，調和が取れ，統合されたセラピストは，プロセス中に何が起こっても，クライアントとともにいることができる。独自の癒しの過程を終えたセラピストは，LI療法を使った治療において最良の結果が得られる。精神的な内面が混沌としているセラピストでは，クライアントやクライアントの子供や乳児の自己に，最適な神経統合に必要な穏やかで愛情のある，まとまりのある状態を伝えることができない。

クライアントが未診断の解離性同一性障害の場合

　解離性同一性障害を患うクライアントの中には，自分が解離性同一性障害を患っていることを認識しておらず，また，別人格状態または自我状態の間の切り替えを隠すことに非常に優れている人たちもいる。セラピストが解離性同一性障害とは気づかずに治療している場合もある。LI療法は解離性同一性障害に有効だが，それは，LI療法プロトコールを施術している間，クライアントが自己システム内で中核的自己を前面に維持していることができる場合に限る。セラピストがクライアントの解離性障害の診断を意識せずに治療にあたっている場合には，ステップ6の間に自我状態が切り替わることが統合を妨げている可能性がある。多くの場合，解離性のあるクライアントの体は，状態の変化に伴って急にわずかに動いたり，痙攣したりする。LI療法が進まず，クライアントが解離性同一性障害と診断されていない可能性がある場合は，解離性同一性障害の治療のために修正されたLI療法プロトコールを試みる。

マリファナまたは他の薬物の服用

　マリファナの有効成分は神経統合をブロックする。一部のセラピストは，LI 療法を使用して，クライアントがマリファナの摂取を減らし，最終的にマリファナの服用や乱用をやめることを助けることに成功している。クライアントがマリファナの喫煙を 3 日間控えることができる場合は，LI 情動調律プロトコールを使って，クライアントが落ち着くより良い方法を見つけるように手伝うことができる。

　ベンゾジアゼピンは，統合に必要な神経作用を厳しくブロックする。残念ながら，ベンゾジアゼピンは不安障害のために頻繁に処方される。オピオイドや他の鎮痛剤などの他の薬は，神経作用を弱め，LI 療法の進行を遅らせるように見えるが，統合を完全にブロックするわけではない。選択的セロトニン再取り込み阻害薬（SSRI）は，投与量が多すぎてクライアントが身体から乖離しすぎている場合を除いて，LI 統合を大きくは妨害しない。どの薬が LI 療法を妨げるかに関して，より多くのデータを収集する必要がある。

第 **13** 章

よくある質問（FAQ）

ライフスパン統合療法（LI療法）のセッションには
どのくらいの時間が必要ですか？

　LI療法のセッションの推奨時間は，クライアントの年齢とセラピストの経験によって異なります。40歳以上のクライアントの場合，75分から80分のセッションが望ましいです。より高齢のクライアントでは，通常，情報源記憶をクリアするためにステップ3からステップ7をより多く繰り返す必要があります。さらに，使用されるプロトコールに関係なく，年配のクライアントはより多くの繰り返しを必要とする傾向があり，多くの年を通過するという理由だけで，繰り返し1回ごとに時間がかかります。

　LI療法を最初に始めるときは，各セッションに75分から80分を予定しておくのが最善です。セラピストがプロトコールに精通した後，40歳未満のほとんどのクライアントには50分で十分です。解離性のクライアントのためにはより多くの時間を予定します。

この本に書かれているプロトコールから逸脱しても大丈夫ですか？

　プロトコールは手引きとなることを目的としています。ライフスパン統合で作用する原理を理解しているセラピストは，各クライアントの

個々のニーズを満たすためにプロトコールを変えることができます。この本に書かれている記述は一般的なものであり，適用されない場合もあります。LI療法標準プロトコールを使ってトラウマを解消する場合には，多くの場合，子供の自己は情報よりも注意を必要としています。それぞれの発達段階での子供のニーズを理解しているセラピストは，大人のクライアントを指導して，その子供の必要に応じた情報を提供したり，子供の年齢に適したやりとりを想像の中で始めることができます。

なぜセラピストは大人のクライアントに，子供の自己に何を言うべきか，また，どうするべきかを伝える必要があるのですか？

大人のクライアントが過去の記憶の場面で子供の自己に回帰し，その過去の出来事の中での感情を感じたとき，そのクライアントはその瞬間，子供の自己がどんなことを言ってもらう必要があるのかがわかりません。これは，大人のクライアントが熟練した子供専門の心理療法士であっても当てはまります。

子供の自己が何を必要としているのかを考えるためには，大人のクライアントが子供の状態を離れ，より認識力のある大人の状態に入る必要があります。一方で，過去のトラウマを解消するには，クライアントはトラウマの記憶の神経ネットワークに「接続」されていなければなりません。大人のクライアントは，認識力のある状態を可能な限り避けた場合にのみ，このつながりをそのままに保つことができます。

子供の自己が協力しない場合はどうなりますか？

断片化された自己システムを持つクライアントには，LI構造構築プロトコールが最も効果的です。LI標準プロトコールを適用してトラウマを治療することを決定した場合，セラピストは，トラウマ治療ではト

ラウマを癒すために（記憶リストを）何度も繰り返す必要があることを
事前にクライアントに説明する必要があります。クライアントがそれに
同意したにもかかわらず，それでもセッションの途中で自分の過去の場
面を見たくないと言い出す場合には，おそらく子供の自己がコントロー
ルを握っています。

　このような場合は，大人のクライアントに，映像を見る必要がないこ
とを子供の自己に伝えるように指示するだけで十分です。セラピストが
必要な回数だけ思い出リストを読み続けている間，クライアントは本を
読んだり目を覆ったりすることができます。記憶の手がかりが聞こえる
と，クライアントは記憶の映像を「見る」のです。心と視覚野はひとつ
しかないため，クライアントの自己システムのすべての部分に何らかの
程度で映像が表示されます。トラウマ治療のセッションを完了するのに
はこれで十分です。この問題を回避するために，自己が断片化されてい
るクライアントの治療では，トラウマの記憶を癒すのに十分なしっかり
とした自己中核ができるまで，LI 療法の情動調律プロトコールと他の
構造構築プロトコールを使用します。

クライアントの記憶に空白がある場合はどうなりますか？

　記憶リストには，クライアントの過去の人生の毎年の実際の記憶が含
まれている必要はありません。1 年または 2 年の記憶の空白は許容され
ます。ある年齢の記憶が全くない場合は，その年齢のときに住んでいた
地区，通っていた学校の前，住んでいた家の中に立っているところを想
像してもらいます。

　3 年以上の記憶の空白があるクライアントには LI 療法を開始しない
でください。まず，クライアントと一緒に想起手がかりのリストを作成
します。数週間かけて，クライアントの歴史と人生について話し合いま

す。セッション中に，一緒に想起手がかりのリストを作成します。最初
のうちは，記憶が正しい順序であるか，正しい年齢に関連づけられてい
るかは重要ではありません。手がかりのリストが完成したら，LI 構造
構築プロトコールを数セッション行うことから治療を開始します。より
多くの記憶を新しく思い出すと，クライアントは記憶リストを書き直し
たり，新しい想い出を追加したり，想い出を正しい年代順に並べ替えた
いと思うかもしれません。

記憶の場面で自分自身が見える必要がありますか？

　クライアントには，記憶の中の場面で自分自身が見える必要はありま
せん。統合は，クライアントが過去を再体験できる場合に最適に機能し
ます。ほとんどのクライアントは，記憶を再体験するときに，さまざま
な入り混じった感覚があることを報告します。一部のクライアントは，
記憶の場面を「見る」代わりに，感じたり聞いたり，匂いを嗅いだり，
味わったりしたことを思い出したりします。どんな感覚記憶も統合に役
立ちます。一部の解離性のクライアントは，実際に感じることなく「見
る」のが非常に得意です。体の感覚や感情から切り離された状態で映像
を単に「見る」ことは，神経統合に寄与しません。

　子供自身の目から，最初に見たときの記憶が浮かび上がるのが最も一
般的です。クライアントに記憶の場面の一部しか見えない場合もありま
す。全体像を見る必要はありません。その後のタイムラインの繰り返し
で，より多くの記憶が表面化する可能性が非常に高くなります。ただし，
クライアントが実際の出来事を覚えているという感覚を持つことが重要
です。写真で記憶を誘発することができますが，神経統合を効果的にす
るには，写真の出来事を実際に覚えている必要があります。

　ステップ 6 で記憶の手がかりを読むときは，「思い出してください，

自転車に乗る練習をしています」と言うのが最も効果的です。つまり，「思い出してください」と言ってから想い出を挿入するか，単に想い出を読みます。「自分が自転車に乗っているのを見てください」と言うと，多くの場合クライアントは，自転車に乗っている感覚を体験するのではなく，自分の外から場面を見るようになります。

クライアントが LI 療法中に身体的な痛みを感じた場合はどうなりますか？

　情報源記憶に関連する肉体的な痛みは，ライフスパン統合中に解放されるので，クライアントがそれを体感するのは非常に一般的です。LI 療法は，潜在記憶および体細胞の記憶にアクセスして統合するようです。クライアントが記憶に深く接続するにつれて，プロトコールの最初の 2, 3 回の繰り返しで痛みが増すことが時折あります。ステップ 3 からステップ 7 の繰り返しを続けると，クライアントの心身は，出来事がずっと前だったことを完全に理解します。心身がこれを理解すると，自己のシステムに適合しなくなった記憶の部分が解放されます。これには，神経や身体に記憶された肉体的苦痛が含まれます。

LI 療法は依存症の治療に使用できますか？

　LI 療法の情動調律プロトコールとトラウマ解消プロトコールは，依存症の治療に役立てることができます。クライアントが依存症治療の専門的なプログラムや治療グループに同時に参加している場合には，LI 療法が成功する可能性が高くなります。情動調整に焦点を当てた LI 療法の情動調律プロトコールは，アルコール依存症者の治療に非常に効果的です。依存症のほとんどの人は，幼児期にトラウマ，ネグレクト，またはその両方を経験しました。彼らはしばしば親密な関係や情動調整に

問題を抱えており，感情を調整するために，依存や強迫行動に走ります。経験豊富で首尾一貫したLIセラピストによる，LI情動調律プロトコールの定期的なセッションは，毎週または2週間ごとに，中毒のクライアントの心身のシステムに，自己を落ち着かせ，感情を調整するためのより良い方法を「教え」ます。

　依存症の人の中核的自己は強くありません。自己の依存症の部分が依存物質を使うことを選択したとき，または依存行動に参加することを選択したとき，弱い中核的自己は簡単に脇に押しやられます。LI療法の情動調律プロトコールの繰り返しのセッションは，依存症のクライアントの中核的自己を強化します。LI療法により自己システムが首尾一貫してくるにつれて，依存症の自己の部分がだんだん脅かされていると感じるようになることがよくあります。中核的自己が強くなるにつれて，クライアントが（自己の依存症の部分によって）LI療法セッションを回避または妨害しようと試みることが増える可能性があります。

【注意】

　LI療法の不完全なセッションは，クライアントの幼少期のトラウマの過去を潜在的に活性化する可能性があります。依存症の人を治療するセラピストは，依存症とその治療法についての専門のトレーニングを受けて技術を持つ必要があり，依存症のクライアントが断酒や断薬で一定の安定したレベルに達してからLI療法を使用する必要があります。回復中の依存症者の治療にLI療法を使う場合，セラピストはセッション全体を通してクライアントに深く注意を払う必要があります。完全に治癒せずにクライアントのトラウマの記憶を活性化すると，再発につながる可能性があります。

大人のクライアントが自分の子供を嫌う場合はどうなりますか？

　LI 療法プロトコールの能動的想像法の部分で，子供と対話するために過去の場面に入るように指示されたときに，大人のクライアントが子供の自分の自己が好きではないと報告することがあります。大人のクライアントが子供の自己を嫌っていると報告した場合，「大人の」クライアントは完全な自己を表しているのではなく，一部の自己を表している可能性があります。大人のクライアントが自分の子供が気に入らないと報告した場合は，LI 療法の情動調律プロトコールの使用に切り替えます。情動調律プロトコールのセッションを数多く受けると，クライアントの中核的自己は十分に強化され，クライアントは自身の子供のすべての自己への愛情や同情を感じることができるようになります。

子供の自己が大人の自己を嫌う場合はどうなりますか？

　これは比較的頻繁にあり，大人の自己が子供の自己を好む限り，実際には問題ではありません。子供の自己が大人の自己に腹を立てて嫌うことが時々あります。自己システムによって分裂し，過去に残された子供の自我状態は，しばしば傷つき，放棄されたと感じています。LI 療法プロトコールのステップ 7 で，子供の自我状態が頻繁にする質問は，「なぜあなたは私を捨てたのですか？」です。もう 1 つのよくある質問は，「あなたは私を愛していますか？」です。

　子供の自己が大人の自分を嫌う場合は，大人のクライアントに，その子が自分にとってどれほど重要であるかを子供の自己に伝えるように指示します。過去のトラウマの場面で子供を置き去りにしたことを子供に謝罪するように大人に指示します。大人のクライアントに，自分は成長しなければならなかったので過去にその子を置いていかなければならな

かったが，成長した今，その子を迎えるために戻ってきたこと，二度と
その子から離れないことを言うように指示します。大人のクライアント
に，想像の中で，その子供の自己の世話をしたり，一緒に時間を過ごす
ように指示します。ステップ7で，子供の年齢に合わせたやり方で，大
人のクライアントが，平和な場所や現在の家で，子供の自己に手を差し
伸べ，面倒を見るように指導します。とるべき行動を指導した後，クラ
イアントが想像の中で，子供の自己とやりとりをしながらその子の世話
をし，その子が大人の自分にとってどんなに重要であることを伝える間，
15秒から30秒間くらい静かに待ちます。通常，プロトコールの3回目
の繰り返しまでに，子供の自己が大人の自分に対して温かく接し始めま
す。

子供の自己が大人を信頼していない場合はどうなりますか？

　出来事の記憶の中の子供の自己は，大人を信頼しない可能性がありま
す。子供は当時のまま凍結されており，大人たちが安全であるかどうか
を判断するには，自分が大人になってからの限られた経験に頼らなけれ
ばなりません。幼少期に大人からもっぱら虐待とネグレクトを経験した
クライアントの場合，子供の自己は安全で善意のある大人もいるという
ことを理解しないかもしれません。安全な大人も存在することを大人の
クライアントに幼い子供に対して説明させることが効果的な場合もあり
ますが，これでは十分に説得力がないことがよくあります。

　子供の自己がクライアントの大人の自己を信頼せず，一緒に安らかな
場所に来たがらない場合，セラピストは大人のクライアントに，その子
が成長して大人の自分の一部になったことをこれから見せると子供の自
己に伝えるように指示します。次に，セラピストは，情報源記憶の後の
最初の想い出から始まり，現在の時間で終わる記憶の手がかりを読み上

げます。このように自分の過去を見直すと，自分が成長し，現在は大人の一部であることが子供の自己にわかり始めます。タイムラインを通るうちに，信頼できる大人もいるということを確認します。通常，LIのタイムラインを１回通過した後では，子供の自己は，プロトコールの次の繰り返しで一緒に安らかな場所に行くのに十分な程度に大人を信頼します。

子供の自己が過去を離れたくない場合はどうなりますか？

　時折，情報源記憶の場面で子供の自我が過去から離れたがらないとクライアントが報告することがあります。子供の自我状態はその場にそのままいたがっているか，または過去のその時点で問題を解決しようとしているかです。その子は当時の時間に凍結したままなので，自分が解決しようとしている問題が現在では問題でなくなっていることに気づいていません。例えば，子供は，弟や妹の世話をする人がほかに誰もいないのではないかと心配して，過去にとどまる必要性を感じているかもしれません。

　子の自我状態が過去を離れることに抵抗するときは，大人のクライアントに，過去は記憶としてのみ存在することを子供の自我に説明するように指示します。子供の自己は成長し，大人のクライアントになり，過去にとどまり続けるという選択肢は実際にはありません。その次に，子供の自己が行き詰まったままになっている情報源記憶の直後の思い出から始まり，現在で終わる記憶の手がかりの時系列のリストを通過してクライアントを現在まで導きます。現在の最後の記憶の手がかりに達した後，クライアントに子供の自己を現在に連れて行くことを想像してもらい，自分が住んでいる場所を子供の自己に示します。過去が本当に過去であると子供自身に納得させるために必要な回数だけ繰り返します。

ステップ１で，クライアントが肯定的な記憶に戻った場合は どうなりますか？

　LI 標準プロトコールのステップ１で，クライアントは現在の問題から始めて，自分の心身のシステムに従い，それが肯定的な記憶に終わることが時々あります。これが発生した場合，それは通常，クライアントがよりトラウマ的な記憶にいく準備ができる前に，クライアントのシステムが（肯定的な記憶と他の関連する肯定的な記憶をタイムラインに沿って統合することによって）それ自体に潜在能力を補填する必要があるためです。

　クライアントがステップ１で肯定的な記憶に戻ったら，単にプロトコールに従い，大人の自己に過去の場面に入らせ，子供の自己と関わり，タイムラインを見せます。記憶と映像から成るタイムラインに沿って自然に現れる他の関連する肯定的な記憶やイメージを統合します。肯定的な記憶が統合された後，セッションに十分な時間が残っていることを確認し，現在の問題に戻り（ステップ１），クライアントを体の感覚に改めて集中させます。クライアントが現在の問題に直接関連している情報源記憶に戻る準備ができている可能性が十分にあります。

　LI 療法セッションの開始時に潜在能力の補填が発生することはめったにありません。より一般的には，ライフスパン統合中，クライアントがタイムラインの最後の繰り返しを通過しているときに，セッションの終わりに向かっての潜在能力は自然に補填されていきます。その後のタイムラインの繰り返しごとに，より肯定的で潜在的な能力となる思い出が浮かびます。

ライフスパン統合は他の手法とどのように異なりますか？

　LI 療法は，視覚的および感覚的な形でクライアントの人生の物語の

繰り返しを使うことで，クライアントの自己システム内の統合と一貫性の向上をもたらすという点で，他のカウンセリングの方法とは異なります。幼児の神経統合が自伝的物語の共同構築を通じて起こることは以前から知られていました。事例によると，大人の神経統合が同じメカニズムを介して LI 療法中に発生すると考えられます。

LI療法フローチャート

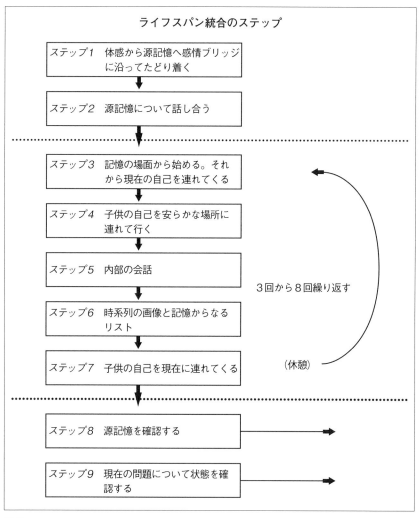

図8

記憶の手がかりリストの準備

クライアントへの記憶の手がかりの説明

　ライフスパン統合療法（LI療法）を始めて間もない時期には，多くの人はLIプロトコールの記憶の手がかりリストの段階で自然な記憶の流れを得ることができない。この段階は，大人の自己が自分の内なる子供の自己に，時間が経過し，子供が成長したことを証明する段階である。人生のほとんどの年のことをスムーズに思い出せる人でも，思い出すのが難しい年があり，そのような期間が何年にもわたることがある。記憶の手がかりリストを使用すると，右脳半球から各記憶の視覚的およびその他の感覚的側面を思い出すことができる。これにより，過去についてより多く思い出す能力が向上する。統合の目的は，年から年へと視覚的に移動するにつれて，思い出の自由連想が起こるようにすることである。LI療法のセッションを経験していくうちに，記憶の手がかりが読まれる間，同じ時間枠の他の記憶が自然に頭に浮かび始めることに気づくであろう。

　記憶の手がかりリストの準備は，最も古い記憶から始める。ほとんどの人にとって，最初の記憶は2歳か3歳の頃だ。年ごとに少なくとも1つの記憶を思い出すようにする。各々の手がかりについて，暦年，当時の年齢，セラピストが手がかりのリストを読み上げたときに記憶を想起させる言葉やフレーズを書き留める。セラピストは手がかりが何を示しているかを理解する必要はないが，トラウマ的な出来事を想起させる手がかりかどうかを認識することは重要である。各年に必要な手がかりは1つだけだ。ただし，変化をつけるために，年ごとに2つまたは3つの

手がかりがあると役立つ。複数の手がかりがある場合は「／」のような印で区切る。セラピストは年に１つの手がかりのみ読み上げるが，繰り返す途中で手がかりを入れ替えても良い。日付と年齢は，手がかりを整理するのに役に立つ。ただし，LI療法のセッション中は，セラピストは年齢などは読まずに手がかりのみを読む。

　人生過去の１年ごとに１つの思い出を考えてみよう。一番古い記憶から現在まで，匂い，味，音，および触覚の記憶を呼び起こす手がかりは，統合を促進するのに最も効果的である。たとえば，「泳ぐことを学ぶ」という合図は，水や塩素の匂い，水の感触やしぶきの音などを思い起こさせるであろう。手がかりリストに使用される記憶は，ある年のみに限定される必要がある。たとえば，「マイクロソフトで働く」という例では，数年間そこで働いていた人にとっては混乱する記憶の手がかりとなる。この場合，「マイクロソフト社の駐車場で軽い事故」のように，手がかりをより具体的にする必要がある。記憶の手がかりを時系列に記録し，読みやすく書くか，コンピューターに記憶の手がかりを入力する。

　手がかりは，実際に覚えている出来事であり，写真で見たことがあっても，実際にそこに自分が存在したことを思い出せない写真では手がかりにはならない。また，手がかりは，特定の年齢で一緒に過ごした友人の名前や覚えている場所でも良い。

　記憶の手がかりは決して重要でなくても良い。家や学校の建物がどのようなものであったかでも，詳細を覚えているだけで十分だ。自分にとって大切な人々の死など，人生に影響を与えた重要な出来事を必ず含めることが必要である。あなたに影響を与えた他のトラウマ的な出来事や結婚，離婚などの記憶の手がかりは，人生全体，最も古い記憶から現在まで通して含む必要がある。

10 歳から 13 歳の間の記憶の手がかりの例

1989 年 10 歳　親友ガス

1990 年 11 歳 – シカゴに移住／中学校に入学

1991 年 12 歳 – ウィルとサマーキャンプ

1992 年 13 歳 – ジェンとスキー／8 年生（訳注：日本の中学 2 年生）
　　　　　　　　　卒業

この記憶の手がかりについての説明は，コピーしてクライアントに提供しても良い。

用　語　集

　◉顕在記憶

　生後 2 年目に発達する記憶。符号化には集中的な注意が必要である。自己を時間に位置づける想起を伴う。

　◉潜在記憶

　感覚記憶（身体的，行動的，知覚的，および感情的）は出生時に存在し，集中的な注意を必要としない。符号化のために，自己の時間的な記憶はなく，想起の感覚もない。

　◉自我状態

　一種の自己状態，自我に関連するもの，自我を通して機能する。自我状態は，神経網とみなすこともできる（以下の「自己状態」を参照）。

　◉自己状態

　自己の状態。神経細胞発火時に作られる特定の身体の感覚，感情や気分のパターンであり，その特定の神経網に特有のもの。幼児と子供は一連の自己状態として存在し，それらは後に統合されて一貫性のある自己システムを形成する。

　◉想起意識（autonoetic consciousness）

　自己認識，時を超えて自己を見る能力。

◉神経可塑性

多くの神経細胞が同時に発火しているときに神経可塑性の状態が存在し，新しいシナプス発火パターンが発生する可能性が高くなる。新しい学習と古いパターンの変更は，神経可塑性の条件下で発生する可能性が高くなる。

◉神経網

シナプス接続によってリンクされた神経細胞のネットワーク。人間の脳には，数十億の神経細胞と，数百万の神経ネットワークが含まれている。これらのネットワークは，脳の統合プロセスを通じてさまざまな程度で相互接続されている。

◉統合

さまざまな特性，感情，態度などを調和の取れた1つの人格に編成すること（ウェブスターの新世界辞書より）。

◉部分

独自の生命を有し，自我制御外に存在する自己状態または自我状態。

参考文献

Almaas, A.H.（A・H・アルマース）The Point of Existence: Transformations of narcissism in self-realization, Boston, MA: Shambhala Publications, 2000.

Almaas, A.H. （A・H・アルマース）Essence, Boston, MA: Red Wheel/ Weiser, LLC, 1998.

Almaas, A.H.（A・H・アルマース）The Pearl Beyond Price, Integration of personality into being: An object relations approach, Boston, MA: Shambhala Publications, 1988.

Almaas, A.H.（A・H・アルマース）Elements of the Real in Man, Boston, MA: Shambhala Publications, 1987.

Almaas, A.H.（A・H・アルマース）The Freedom to Be, Boston, MA: Shambhala Publications, 1989.

Almaas, A.H.（A・H・アルマース）Being and the Meaning of Life, Berkeley, CA: Diamond Books, 1990.

Almaas, A.H.（A・H・アルマース）Indestructible Innocence, Boston, MA: Shambhala Publications, 1987.

Almaas, A.H.（A・H・アルマース）The Void: Inner spaciousness and ego structure, Boston, MA: Shambhala Publications, 1986.

Casteneda, Carlos.（カルロス・カスタネダ）The Active Side of Infinity, New York, N.Y.: HarperCollins Publishers, Inc, 1998.〔カスタネダ カルロス（2002）『無限の本質 -- 呪術師との決別 』結城山和夫訳，二見書房〕

Chopra, Deepak.（ディーパック・チョプラ）Quantum Healing: Exploring the frontiers of mind/ body medicine, New York, N.Y.: Bantam Books, 1989.

Cozolino, Louis.（ルイス・コゾリーノ）2002. The neuroscience of psychotherapy: Building and rebuilding the human brain. New York, NY: W.W. Norton and Co.

Damasio, Antonio R.（アントニオ・R・ダマシオ）1994. Descartes' error: Emotion, reason, and the human brain. New York, NY: Grosset ／ Putnam〔ダマシオ R アントニオ（2000）『生存する脳－心と脳と体の神秘』田中三彦訳，　講談社〕

Goswami, Amit.（アミット・ゴスワミ）The Self-Aware Universe: How consciousness creates the material world, New York, N.Y.: Penguin Putnam Inc, 1993.

Hannah, Barbara.（バーバラ・ハナ）1981. Encounters with the soul: Active imagination as developed by C.G. Jung. Santa Monica, CA: Sigo Press.

Johnson, Robert A.（ロバート・A・ジョンソン）1986. Inner work: Using dreams & active imagination for personal growth. New York, NY: HarperCollins Publishers

LeDoux, Joseph.（ジョセフ・ルドゥー）1996. The emotional brain: The mysterious underpinnings of emotional life. New York, NY: Simon and Schuster.

LeDoux, Joseph. （ジョセフ・ルドゥー）2002. Synaptic self: How our brains become who we are. New York, NY: Penguin Putnam.

Levine, Peter A.（ピーター・A・ラヴィーン）1997. Waking the tiger, Healing trauma: The innate capacity to transform overwhelming experiences. Berkeley, CA: North Atlantic Books.〔ピーター・A・ラヴィーン（2016）『身体に閉じ込められたトラウマ　ソマティック・エクスペリエンシングによ

る最新のトラウマ・ケア』池島良子，西村もゆ子，福井義一，牧野可里訳，星和書店〕

Mindell, Arnold.（アーノルド・ミンデル）Quantum Mind: The edge between physics and psychology, Portland, OR: Lao Tse Press, 2000.

Nadeau, Robert & Kafatos, Menas.（ロバート・ナドー ＆ メナス・カファトス）The Non-Local Universe: The new physics and matters of the mind, New York, N.Y.: Oxford University Press, Inc, 1999.

Nhat Hanh, Thich.（ティック・ニャット・ハン）The Miracle of Mindfulness, Boston, MA: Beacon Press, 1975.

Schore, Allan N.（アレン・N・ショア）1994. Affect regulation and the origin of the self: The neurobiology of emotional development. Hillsdale, NJ: Lawrence Erlbaum Associates.

Schore, Allan N.（アレン・N・ショア）2003. Affect dysregulation and disorders of the self. New York, NY: W.W. Norton and Company, Inc.

Schwartz, Jeffrey M. & Begley, Sharon.（ジェフリー・M・シュワルツ ＆ シャロン・ベグリー）2002. The mind and the brain: Neuroplasticity and the power of mental force. New York, NY: Harper Collins Publishers, Inc.

Schwartz, Richard C.（リチャード・C・シュワルツ）1995. Internal family systems therapy. New York, NY: The Guilford Press.

Siegel, Daniel J.（ダニエル・J・シーゲル）1999. The developing mind: Toward a neurobiology of interpersonal experience. New York, NY: The Guilford Press.

Siegel, Daniel J.（ダニエル・J・シーゲル）2012. The developing mind: How relationships and the Brain interact to shape who we are, New York, NY: The Guilford Press.

Rinpoche, Sogyal.（ソーギョル・リンポーチ）The Tibetan Book of Living and Dying, New York, N.Y.: HarperCollins Publishers, Inc, 1992.

Talbot, Michael.（マイケル・タルボット）The Holographic Universe, New York, N.Y.: HarperCollins Publishers, Inc, 1991.

Watkins, John G.,（ジョン・G・ワトキンス）The Affect Bridge: A hypnoanalytic technique, International Journal of Clinical and Experimental Hypnosis, 19, pp. 21-27, 1971.

訳者あとがき

　本書は，ライフスパン統合療法（LI 療法）を開発したペギー・ペースの著書『Lifespan Integration Connecting Thought Ego States』（2003）の全訳である。

　ライフスパン統合療法は，心的外傷（トラウマ）を効果的に治癒する身体・心理療法の手法である。本書に紹介されているような経緯でペースが始めて以来，トラウマ治療においてより高い安全性と効果を求める専門家の間で評判になり，北米とヨーロッパを中心にここ 10 数年来急速に広がった。初版が 2003 年に出版されてから現在に至るまで，プロトコールには改善や変更が加えられ，プロトコールの種類も増えた。しかし，タイムラインを繰り返すという施術法の骨格は当初のままである。

　本文に詳説されているように，タイムラインを繰り返しクライアントに読み聞かせるプロセスは，現在の問題に関係する過去の記憶に無意識下でアクセスすることを可能にする。同時に，そのようにタイムラインに沿ってクライアントの意識を過去から現在まで繰り返し移動させると，クライアントは，トラウマの原因となった出来事や関係を過去として受け入れ，自分自身に対して違った視点を自然に持つようになる。

　私がライフスパン統合療法に出会ったのは 2016 年，私の診療所を訪れた一人の日本人クライアントがきっかけであった。そのクライアントは数か月前にあった大きな事件の被害者で，重い PTSD の症状があり，私の当時の分析的手法ではなすすべがないのは明らかであった。別の手法を専門とするフランス人同僚の治療を受けるように勧めたが，日本語

でカウンセリングを続けたいというそのクライアントの意思は動かなかった。数か月後，私は周囲の専門家の勧めに従って当時フランスで広まり始めたライフスパン統合療法の研修を受け，そのクライアントに対して PTSD プロトコールを施術した。数回のセッションでほとんどの症状は消失，クライアントは日常生活に戻ることができた。この療法の効果に確信を得た私のほうは，その後もトレーニングや研修を受け続け，臨床経験を積み，この一見不思議な療法の奥行きの深さを発見するに至った。

　トラウマ治療に携わる専門家にとって常に課題となる点に，治療の安全性とトラウマの複雑性があることには，多くの方が同意されるのではないかと思う。安全性とは，クライアントの不安定な精神状態を，治療が耐えられる程度に安定させることである。トラウマにかかわらず日常生活ではバランスを必死で保ってきたクライアントの，そのバランスを崩さないように治療を進めることは私たちセラピストにとっては大切なことである。トラウマを抱える人にとっては，たとえそれが治療のためであったとしても，想起させられれば苦痛を伴うし，不適切な施術を受ければ，症状が悪化させられることもある。セラピストにとっては，治療が逆効果を引き起こして傷を深める（retraumatization）ような結果を避けることが極めて重要である。トラウマの複雑性とは，トラウマが一つの出来事，時点に特定されず，複数の出来事や関係が絡み合い，心身がそれらを消化することができないままでいる状態が，一定の期間や何年にもわたって続いてきたような場合に見られる。理由のわからない不安症やうつの症状，繰り返す人間関係の問題や問題行動に苦しんでいる人の中には，そのような過去のトラウマに気づくことすらなかった人も多くいる。

　ライフスパン統合療法の長所の一つは，不安定なクライアントに対し

て，早い段階でプロトコールの施術を行い，それによってクライアント
の心の状態を安定化させられることである。セラピストがタイムライン
を読むのを繰り返し聞いている間，クライアントの意識の中に，自分の
体験した出来事と現在の自分に少しずつ距離が生まれる。多くのクライ
アントは，「今自分がここにいる」と感じ，それを心地良く感じると報
告する。その感覚をセラピストとともに繰り返し経験することで，「今，
現在」とセラピストの存在に対して安心感が少しずつ芽生える。

　この療法のもう一つの長所は，トラウマとなった出来事の記憶や，そ
のことがトラウマであったというクライアント自身の認識が必ずしも必
要ではないことである。重大な事故などで本人の記憶がない場合でも施
術は可能である。また，複雑性の高いトラウマで多くあることだが，複
数の出来事についてクライアントが非合理的な考え方で意味づけしてい
たり，当時の環境を美化しているために，トラウマになっていることに
気づいていないこともある。そのような場合でも，タイムラインを繰り
返し通り過ぎているうちに，クラインアントは，当時の本当の自分の気
持ちや当時の行動の意味に気づき始める。

　ここまで説明すれば，ライフスパン統合療法の適用範囲が，狭義の「心
的外傷（トラウマ）」に限られないことは，専門家の読者にとっては明
らかであろう。私たちの感じ方や思考，行動は，過去にあった環境との
数えきれない交流によって形作られてきている。そのような感情や思考，
行動は，現在の自分には適していない場合，それらに縛られていること
で現在を幸せに生きることが困難になる。過去から自由になると，自分
の本来の心の動きを感じられるようになり，今を生きているという感覚
が強くなり，自分の本質に近くなる。実際，ライフスパン統合療法のセ
ラピストには，標準プロトコールやPTSDプロトコールなど，トラウ
マ的出来事の記憶に対処するプロトコールを習得するために研修を受

けた者が多いようであるが，この療法が最も本領を発揮するのは，愛着関係のスタイルに関するトラブルや情動調整，人格障害など，幼少期の環境との関係に関わる問題についての分野である。言うまでもなく，摂食障害，依存症，虐待のある関係など，適用範囲は枚挙にいとまがない。

　著者ペースが繰り返し述べていることだが，本書は療法を紹介することを目的としており，施術マニュアルではない。既読者には明らかなように，ライフスパン統合療法のプロトコール自体は極めて単純明快である。しかし，プロトコールが単純であるだけに，クライアントに対して施術を始めると，刻々と変化するクライアントの反応に対して情動的に調律（attunement）して瞬時に応じる能力が極めて大切になる。プロトコールが効果的であるがために，使いこなせるようになるためにはセラピストも訓練を積む必要がある。

　本書は心理療法の専門家に療法を紹介することを目的としているため，一般の読者にとっては難解であるかもしれない。また，専門家の目にも，やや変わった療法に映るかもしれないことは重々承知であり，施術手順を日本語で的確に伝えられるように訳すことに苦心した。

　本書の翻訳計画が生まれたのは，在米セラピストの久山貴子と在仏の私が，コロナウイルスのパンデミックの最中に開催された，認定セラピストを対象にしたオンライン研修中にネット上で出会ったことがきっかけであった。邦人クライアントの仕事を通して，この療法を日本の治療者にも知ってほしいと常々考えていたが，一人ではあまりにも大きな計画であった。久山も同様に考えていたことを知り，ペギー・ペースに相談すると，快諾をすぐに得ることができた。コロナウイルスなしでは，オンライン研修はなかったであろうから，そう思うと感慨深い。

　最後になるが，日本ではまだ知られていない LI 療法の可能性を理解し，本書の翻訳出版を決断してくださった星和書店，特に企画書の段階

からきめ細かく対応してくださった近藤達哉氏に心から感謝する。

　この療法が日本で広まり，また研究の対象となり，一人でも多くの人の役に立つことを願ってやまない。

訳者を代表して

2023 年 6 月

高須かすみ

●著者について

ペギー・ペース

　ペギー・ペースは，1969 年にワシントン大学化学理学士号を取得し卒業，子供たちを育てた後，大学院に戻り，1985 年にカウンセリング心理学の修士号を取得する。1985 年から 2005 年まで，ペースは家族，カップル，成人，青年を対象にカウンセリングを行い，最終的に，大人の幼少期トラウマ，虐待，ネグレクト経験者らの癒しの働きに特化する。

　2002 年，ペースはクライアントの心身のシステムに時間の経過を証明する方法を発見し，劇的な変化を見る。ペースは，このブレークスルーを地元および世界中の他のセラピストと共有したいと考え，小さなワークショップから始め，同僚に新しい治療法について教え始める。また，治療方法とそれをサポートする神経科学を説明するため，『Lifespan Integration : Connecting Ego States Through Time』（ライフスパン統合：時を通して自我状態をつなぐ）を出版する。同書初版は 2003 年であるが，その後，改訂を繰り返し，現在は第 3 版となる。2005 年から 2016 年の引退までに，米国，カナダ，フランス，スペイン，スウェーデン，スイス，英国，ロシアのセラピストに LI 療法を教授する。

●訳者

久山　貴子（くやま たかこ）

心理療法士，ライフスパン統合療法認定セラピスト。
賢明女子短期大学英語科卒，関西聖書学院卒，シアトル聖書大学卒，主に日米
でキリスト教カウンセリングを通し20年以上人々の内面の癒しに従事した後，
シアトル心理神学大学院卒業。米国ワシントン州認定心理療法士としてホーム
レスシェルター，開業クリニックにて心理療法に従事。

高須　かすみ（たかす かすみ）

フランス国家資格臨床心理士，心理療法士，ライフスパン統合療法認定セラピ
スト。パリでクリニックを開業，大人と思春期の子供を対象として心理療法に
従事。
東京大学法学部卒業。INSEAD（欧州経営大学院）MBA課程卒業。米国企業で
管理職に携わるうちに心理学に興味を持ち勉強を始める。パリ交流分析学校第
3課程を修了。パリ第8大学臨床心理学修士課程修了。

ライフスパン統合療法

2023 年 9 月 18 日　初版第 1 刷発行

著　　　者　ペギー・ペース
訳　　　者　久山貴子　高須かすみ
発 行 者　石澤雄司
発 行 所　株式会社 星 和 書 店
　　　　　〒168-0074　東京都杉並区上高井戸 1-2-5
　　　　　電話　03（3329）0031（営業部）／03（3329）0033（編集部）
　　　　　FAX　03（5374）7186（営業部）／03（5374）7185（編集部）
　　　　　http://www.seiwa-pb.co.jp
印刷・製本　中央精版印刷株式会社

Printed in Japan　　　　　　　　　　　　　　ISBN978-4-7911-1120-6

身体に閉じ込められたトラウマ

ソマティック・エクスペリエンシングによる最新のトラウマ・ケア

ピーター・A・ラヴィーン 著
池島良子，西村もゆ子，福井義一，牧野有可里 訳
A5判　464p　定価：本体 3,500円＋税

からだの気づきを用いた画期的なトラウマ・ケアとして注目を集めている
ソマティック・エクスペリエンシングの創始者ラヴィーンによる初めて
の理論的解説書。読者をトラウマ治療の核心に導く。

トラウマと身体

センサリーモーター・サイコセラピー（SP）の理論と実践
―マインドフルネスにもとづくトラウマセラピー―

パット・オグデン，他 著　太田茂行 監訳
A5判　528p　定価：本体 5,600円＋税

心身の相関を重視し、身体感覚や身体の動きにはたらきかけるマインド
フルネスを活用した最新のトラウマセラピーの理論的基礎から、臨床の
技法まで、事例も盛り込みながら包括的に描きだす。

発達性トラウマ：その癒やしのプロセス

早期トラウマは，自己調整，自己イメージ，
および対人関係能力にどのように影響するか

ローレンス・ヘラー，アリーン・ラピエール 著　松本 功 監訳
A5判　400p　定価：本体 4,400円＋税

本書が紹介する NARM™（神経・感情・関係性モデル）は、生涯にわた
る精神生物学的な症状や対人関係の困難を引き起こす愛着パターンに働
きかけることで発達性トラウマに対処するための最先端の治療法。

発行：星和書店　http://www.seiwa-pb.co.jp

複雑性 PTSD
生き残ることから生き抜くことへ

ピート・ウォーカー 著　牧野有可里，池島良子 訳
A5判　372p　定価：本体 3,600円＋税

心理療法士で自身も複雑性 PTSD の当事者である著者が，トラウマを癒す
ための多種多様なセラピーに加え，癒しをサポートするツールボックスを
紹介。複雑性 PTSD の苦しみを和らげ，心穏やかに過ごす方法を学ぶ一冊。

ポリヴェーガル理論への誘い

津田真人 著
四六判　300p　定価：本体 2,400円＋税

わが国の第一人者による第二弾。生物の神経と器官の進化を辿り，新た
な自律神経システム論の可能性を軽快な筆致でわかりやすく解説する。
著者独自の「トラウマの時代」を生き抜く知恵が詰まった一冊。

「ポリヴェーガル理論」を読む
からだ・こころ・社会

津田真人 著
A5判　636p　定価：本体 4,800円＋税

「ストレスの時代」から「トラウマの時代」へ。旧来の自律神経論を刷新
する，いま世界的に話題のポリヴェーガル理論を，深く広い視野から，
わかりやすく面白く読み解いた本邦初の本格的な解説書!!

発行：星和書店　http://www.seiwa-pb.co.jp

ハコミセラピー完全ガイド：理論と実践

マインドフルネスに基づいたソマティックな心理療法

ハルコ・ワイス，他 編　ウィリングヘム広美，岡田千恵子 監訳
A5判　708p　定価：本体 6,500円＋税

マインドフルネスと身体を活用することで深い自己変容をもたらすハコミセ
ラピー。その発展の歴史から、独自の原理、技法、介入方法の解説、詳細な
症例描写までを含む、ハコミについての包括的な手引書。

ブレインスポッティング入門

トラウマに素早く、効果的に働きかける、
視野を活用した革新的心理療法

デイビッド・グランド 著
藤本昌樹 監訳　藤本昌樹，鈴木孝信 訳
四六判　264p　定価：本体 2,500円＋税

ブレインスポッティングは、クライアントの視線の位置を一点に定めること
で脳に直接働きかけ、トラウマ記憶の心理的な処理を進めていく画期的な治
療法である。技法の全体を学べる最適な入門書。

児童期虐待を生き延びた人々の治療

中断された人生のための精神療法

メリレーヌ・クロアトル，他 著　金吉晴 監訳
B5判　376p　定価：本体 3,600円＋税

児童期より様々な虐待を受け、援助を受けず成人後にメンタルヘルスの問題
を来した人々のためのトラウマ治療はどうしたらよいか。これら虐待サバイ
バーのために著者が実践する新しい治療法を紹介。

発行：星和書店　http://www.seiwa-pb.co.jp